品嘗好書 冠群可期

生活廣場 12

動物測驗

＜人性現形＞

淺野八郎／著
江 秀 珍／譯

品冠文化出版社

前言

在不景氣或是不安的時代中，動物的風潮大為流行。焦躁時只要看到動物，就會變得心平氣和。華德迪斯奈樂園之所以受人歡迎，就是因為以動物為主角，編織了各種吸引人的故事。藉由瞭解自己與家人、親友之間像何種動物，可以使得彼此更親近。

在世界各國的主題樂園或是公園中，最受歡迎的莫過於動物明星了。動物經過人性化之後，與人類之間的距離就更加接近了。極端的說，如果沒有這一類的動物主題樂園或公園，那麼，動物就不會如此受人歡迎了。

最近，更出現利用動物來治療各種神經症或神經衰弱的症例。讓罹患不安神經症的孩子接觸山羊或是白兔，就可以安定心情，恢復自信。十八世紀的人們認為動物具有某種磁氣，因而產生利用動物的這種磁氣治療的想法。

藉由對於動物的喜好，可以反映其內心所隱藏的願望與想法。追求美的人，在思考動物時，內心會出現動物美的姿態；而希望自己更強勢的人，則對於動物的喜好也會改變。

本書所介紹的「動物心理測驗」，是以歐洲流行的「諾亞方舟測驗」所介紹的心理診斷法為基礎，與一般的心理測驗有些不同。

本書所介紹的測驗雖然只是表面性的問題，但是藉此可以瞭解一個人內心深處的想法。這種測驗就稱為「投影法」式的測驗。

透過這些測驗，可以發現自己以前所沒有注意到的缺點，更可以瞭解自己與他人的交往方式和生活方式。

淺野八郎

目錄

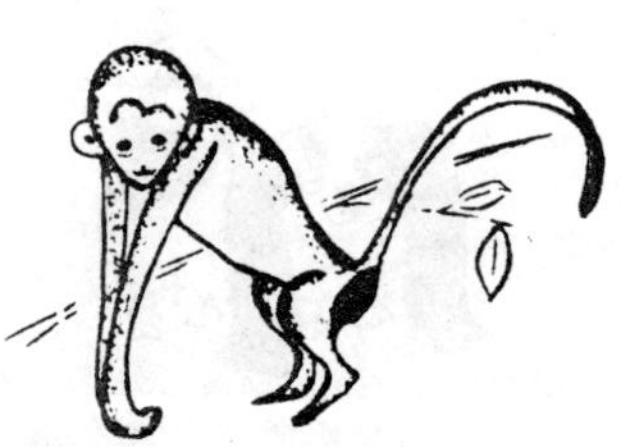

Part●3 相合性、愛情運

序

動物就是另外一個你

人與動物之間的密切關係

古代希臘哲學家認為要瞭解一個人的氣質的方法，就是藉由這個人的臉型類似何種動物來判斷。例如，類似獅子的人就具有勇氣與活力，類似羊的人就具有溫和、老實的性格。

西洋的面相學就是從這種可稱為動物面相學而來的，藉由與動物之間的比較來進行各種判斷。而將這種動物與人的性質做密切關連的思考習慣，不論在東方或西方都非常熟悉。其中，令人印象最深刻的就是十二支。

有些人是利用出生在哪一年，是屬於十二種生肖中的哪一種，藉此來判斷一個人的氣質與運勢，這就是十二支。即使是對於古代的事情不瞭解的年

輕人，也應該都知道自己是屬於哪一個生肖，而且還非常的關心。

寅年出生的人，無論男女都具有非常強烈的性格與運勢，尤其是在「五黃」的寅年出生的人，具有成為領導者的運勢。

此外，在「丙午」年出生的女性具有強烈的運勢，其運勢強烈到像是要「殺掉男性」。因此，在日本也有控制在「丙午」年生孩子的習俗。即使到了現在，「丙午」年的出生率仍較平常時為低。在科學萬能的現代社會中，自古流傳下來的習俗仍然是不容更改的。由此可知，不論東方或西方，對於人與動物間的密切關係都是同樣的關心。在東南亞有些地方，也有將十二支的「卯年」稱為「貓年」，這種非常有趣的例子。

首先瞭解自己

在心理學中，歷史最悠久的學問可以說就是「性格學」。瞭解自己是什麼樣性格的人，然後再比較自己與他人的不同之處。古人非常關心這種事情。古希臘哲學家蘇格拉底說過「瞭解你自己」。瞭解自己是心理學的第一步。

但是，好像最瞭解但又最不瞭解的，其實就是自己本身。要如何瞭解一個人的性格呢？——心理學的歷史可說就是找出這種方法的試行錯誤的歷史。而心理學家們也都針對性格學的研究，注入了非常大的心力。但是，即使是心理學如此發達的今天，在科學的研究如此活潑的進行的現代，關於「瞭解人」這一點還是不夠完美的學問。

看到奧姆真理教事件或是為了保險金而殺死自己親人的事件等，令人感到恐怖的犯罪事件頻傳，我們可以說為了要解開這種令人不可解的人類心理，真的是絕望了。

東洋的十二支、西歐四要素

但是在思考人類性格的場合，以動物來比喻是自古以來就流行的。東洋的「十二支」也是將動物的性質與人類的性質相結合來加以判斷的。古代人在判斷人時，認為在自然界中一定可以找出類似的性格，因為他們認為支配宇宙的基本原理，對於人類或是動物、植物等萬物所帶來的影響是一樣的。

西歐則將宇宙的基本分為四個要素來思考。支配自然的四個要素「火」、「土」、「水」、「空」會帶來影響，而自然界中的事物都會具有這種性質。

例如百獸之王獅子，就具有宇宙基本要素中「火」的性質，因此，它具有勇氣與活力，能夠燃起熊熊的冒險心，而人類在特定的日子出生的人，也會和獅子一樣，擁有「火」的要素。

歐洲的占星術是以人類出生時，太陽所在的位置來決定其性質。「獅子座」出生的人，就具有這種「火」的要素。這種將人類的性格以宇宙的四個要素來分類、判斷的思考方式，在現代也是通用的。

現代心理學有關人類性格的分類，通常也都是以相同的四類型來區分。因此，我們可以了解，要判斷一個人的思考方式，現代與古希臘時代都是不變的。雖然四種類型的分類方法名稱各有不同，但是本質上都是類似的。

一般而言，臉類似狐狸的人奸詐、聰明。類似獅子的人具有如獅子般的勇氣。而類似羊或山羊的人，則非常溫順、膽小。像這樣，人的性格與動物的性質是相連結的。

十六世紀的歐洲，在判斷人類的性格時，最普及的方法就是這種動物學的性格判斷法。其中，『關於人的臉型』這本書的作者那不勒斯的約翰・波特（一五四〇～一六一五年），可說是歐洲面相學的始祖。他針對人類的臉型與動物之間的關係進行比較研究，在歐洲以面相學為研究學問的對象。

他認為人的心受到外觀的影響，而內在也會很自然的表現在外在。此外，將人類的臉型與動物的臉型相比較，也可以解讀出人的心理。波特更進一步的批評中世紀的占星術，「占星術師針對人類出生時的天象，來規定這個人的習慣、癖好以及疾病等。但是實際上並不是如此，這些並不是從星座而來的，而是依個人的氣質而來的」。此外，決定氣質的是「型」，類似的動物、植物、人類，都具有類似的氣質。

這個時代的面相術特別值得注目的一點是，面相術已經從占星術中脫離自立門戶。並且依照面相術原本的方法，也就是從臉的外型部分來進行性格判斷與運勢的判斷。

此外，針對神學者、政治學者等名人的臉型加以比較研究、判斷運勢，以及將面相術與手相術相結合來看未來的動態，也是這個時代的特徵。

波特的動物學性格判斷法，對於歐洲的面相學帶來很大的影響，對於動物學所具有的印象也為歐洲帶來日常化的結果。此外，在童話世界中所登場的動物們的性格，也帶了很大的效果。

為何有些動物會讓我們認為他就是代表好的，而某些動物就正好相反，給人壞的印象呢?如果調查其根源，就會發現實在是非常有趣。

測驗1 你喜歡什麼動物呢？

現在，我們可以先做做兩個預備測驗。

第一個測驗是，在以下的動物中，你喜歡哪一種動物呢？

請看以下的動物插圖，然後立刻回答問題。

你選擇哪一種動物呢？以下我們將依序加以說明。

①狗

很重視與人的交往，會站在對方的立場為對方著想才出現行動的類型。即使有一點討厭對方或是覺得很麻煩，還是會很認真的與對方交往。

重視年長者的意見，做事非常謹慎。

但是，容易擔心，是屬於忠實型的人，有時會出現不太好的評價「那個人好像某某人的狗一樣」。但是，要在這一方面表現得非常周到圓滿也是非常困難的。

②貓

很討厭別人來煩自己、在旁邊囉唆的類型。換言之，就是喜歡輕鬆沒有負擔的人。

對於人的好惡，表現得非常清楚，不會與討厭的人說話，反之，如果喜歡對方，就會拼命的為對方服務，它也是這類型人的特徵。

③馬

不服輸、具有優秀的持久力，是個野心家。即使在別人感到厭倦、煩惡時，仍然會面對目標不斷前進的類型。經常會為自己設立一個大目標，不斷的向前邁進。正義感很強，具有威風凜凜的氣質。

但是，非常重視規律與秩序，絕對不會脫軌。換言之，就是缺乏融通性，因此，往往會給人不通情理的印象，這一點要特別注意。

勇氣高人一等，凡事不畏懼，非常大膽。此外，適應變動與逆境的能力也強了一倍。

④鴿子

纖細、敏感、溫柔，討厭與人發生爭執是最大的特徵。但是，容易受第一印象或是先入為主的觀念所支配。缺點就是很容易一見鍾情。相反的，如果第一眼就很討厭對方，往後要改變對對方的看法就很困難了。與其與一大群人嬉鬧，寧願選擇一個人悠閒自在的度過。具有繪畫、音樂等藝術方面的天份。

⑤熊貓

具有社交性，與任何人都可以相處得很好。脾氣也不錯，不會扭扭捏捏的，是個性格乾脆的人。

總是像孩子般的單純，容易相信他人的話，因此，要特別注意不要被騙了。如果聽到令人悲傷的話，會立刻哭泣起來，是個具有同情心的人。

⑥長頸鹿

不會受到周圍左右，是我行我素型的人。對於新的事物非常關心，並且不斷的去研究，這種積極性會帶來正面的作用，並往往因此而獲得好的評價。但是另一方面，因為你不太注意自己，總是個以自我為中心的人，所以，往往也會讓人覺得你是個自私的人。

這類型的人多半頭腦非常清楚，並且對於自己的專業知識非常有自信。因此，非常討厭被他人批評。一旦被別人批評就會產生不滿，稍微具有幼兒的性向，因此往往被他人所孤立。

⑦猴子

你是個喜歡動來動去，非常活潑的人。你是個靜不下來的人，因此別人說你不穩重，你也不會太在意。

對於任何事情都具有好奇心，會很積極的與任何人交往，但是卻不容易將真心表現在外面，本質上是個警戒心非常強的人。缺點是金錢慾非常強，並且非常熱衷於賺錢，這一點要特別注意。

⑧金魚、熱帶魚

這類型的人，一言以蔽之，就是討厭人的人。對於人有一種不信任感，很討厭與他人說話、共同工作。

做事畏首畏尾，換言之，就是屬於謹慎型的人。不喜歡道人長短，也不喜歡他人談論自己的事情。

會專心投入自己的專業知識領域中或是自己感興趣的事情，只要往好的方向前進，那麼在商場上自立門戶，想要尋求大成功也不是夢。

⑨蛇

對任何事情都無法滿足，內心總是慾求不滿的人。這個也想要、那個也想要，總是非常急躁，但是，往往會半途而廢。與人交往會過度擔心，遇到小事往往就會有挫折感，因此，心中累積了許多不滿。

耐力很強，換言之，就是比較固執的人，因此要特別注意人際關係。

⑩羊

希望別人認為自己很好、很親切，因此服務精神非常旺盛。太過於用心不讓自己的缺點表現於外，但是這麼做反而會使

優點無法發揮出來，往往會使對方對你產生警戒心與不信任感，也就是你對他人的溫柔親切，往往會被他人背叛，因此，有時也必須要運用冷淡的處世術。

但是不管怎麼說，這一類型的人的內心深處總是充滿了親切、體貼與責任感。

⑪牛

能量十足、孜孜不倦、耐力強，是面對目標努力實現的踏實型。即使是別人已經厭倦的事情，仍然能夠不厭倦的去做，所以能夠達到成功的地步。

此外，雖然外表看起來非常溫順，但是，事實上卻是屬於領導型的人。

一旦有需要就會表現出自己的勇氣，會有驚人的表現。但是，因為平常不會將這種能量表現出來，因此會給別人鈍重的感覺，不過，最後別人還是發現你才是最值得依賴的人。

測驗2 如果要你變成動物一個星期的話

測驗2，

如果現在要你變成動物一個星期，你要變成哪種動物呢？

看你想變成哪種動物，就反映出你現在對於日常生活的潛在心情。請看次頁的動物、生物，這依次請仔細的思考，謹慎的選擇一種動物。

以下加以說明。

⑩熊貓
①狗
⑦蝴蝶
⑬牡牛
⑧蜘蛛
⑫蛇
②貓
⑪羊
③袋鼠
⑥鯨魚
④海豚
⑤鳥
⑨魚

①狗

如果你希望變成狗，就表示你喜歡現在安定的生活與安全的狀況。

有精打細算的一面，會面對困難並不是因為責任感強，而是會計算其中的損益，對自己有利才會去做。

②貓

如果你希望變成貓，那就表現出了你以自我為中心的一面。你喜歡自己的安樂，討厭過著拘束、被課程排滿的生活。你不太喜歡動，陷於不太有力氣的精神狀態中。

③袋鼠

袋鼠代表著母愛與女性的體貼，如果是已婚婦女，就表示你對懷孕感到不安或是很希望有小孩的心情。如果是男性，就表示你對年長的女性有一份憧憬。

此外，也象徵著你與家人之間感情的糾結或是焦躁的心態。

④海豚

海豚象徵著你對性的期待與願望，顯現出你強烈憧憬自由自在的生活，以及到外面去旅行。你對工作充滿了意欲，普通人早就想放棄的事情，你仍然充滿著意欲。但是，容易受到周圍人的批評與反彈，要特別注意這一點。

⑤鳥

想要成為鳥的場合，依照想要成為鳥的種類的不同而加以判斷。

如果想像麻雀一般被人豢養在籠子裡，就表示你希望被保護、被疼愛的心情很強。

如果希望像烏鴉般在空中翱翔，就表示你不希望被拘束，被既有的事情所限制，而希望自我實現。

另外，如果你想像孔雀一般的鳥，就表示你習慣過華麗的生活，對於流行的願望非常強。此外，對異性也有非常豐富的好奇心。

⑥鯨魚

鯨魚象徵的是力氣與耐力，代表你希望有更大、更權威的願望。同時也代表你希望精神與物質方面都非常安定，有人可以讓你依靠的心情。

顯現出你對於現在的生活缺乏自信，或是無法忍耐周圍的狀況，想過不用負責的生活。如果是未婚的女性，就表示你對結婚有很大的期待。

⑦蝴蝶

根據潛在的精神分析，蝴蝶代表的是輕浮或是旅行的願望。想要自由自在的願望非常強烈，表示你希望想從現在的工作中得到解放。

想要成為蝴蝶，是因為厭倦了現在的生活狀況，或是因為太過於忙碌、疲倦了。總之，就是期待非常輕鬆快樂的生活。這時是你不想負責任的時候，因為現在的你追求的是輕浮或是毛骨悚然的感覺，所以，要注意不要讓自己太過於緊張。

⑧蜘蛛

想要成為蜘蛛的人，有必要好好的反省一下自己現在內心的狀況。因為你現在可以說是已經陷入靈魂與肉體分離的精神狀態。

此外，也可以說你想對某項事情挑戰，或是具有攻擊的氣氛，或者也可以說你現在遇到了大煩惱。

另外，你也容易因為一些小事情而生氣，必須特別注意人際關係。

⑨魚

想要變成魚的人，是處於很想與其他人交往的狀態。這時即使不管危險也沒有關係，因此，你可以依照自己喜歡的行動自由自在的動。

⑩熊貓

希望變成熊貓的人，很希望別人能夠來愛自己、關心自己。對於自己的服裝或是外觀非常有自信。

但是，如果你的這種願望和自信往不好的方向發展，也許就會被周圍的人誤解為牆頭草，兩邊倒。

⑪羊

羊象徵著溫柔、順從。

如果你希望變成羊，就表示你喜歡自我犧牲，你很可能會去當義工。

⑫蛇

如果你希望變成蛇，那就是需要特別注意的訊號了。

多半都是陷於病態的不愉快感的煩惱中，你可以檢查一下你現在身處的環境、金錢問題與人際關係等。

⑬牡牛

牡牛象徵著「力」。希望變成牡牛的人性格柔弱，憧憬權力或是強烈的事物。

希望變成牡牛的你，是否被支配慾、權力慾所苦呢？

簡單而正確的動物學性格判斷

在我們與人的交流中，最想知道的應該就是對方的個性了。如果能夠瞭解對方的性格，那麼就可以將彼此的人際關係調整到最好。世界上的人有千百種，而且每一個人都有自己的性格與願望。

古人有句話「見人說法」。藉由瞭解對方的性格，就可以找出如何適應這種性格。而現在更是屬於「見人說法」的時代。然而，要從每天的生活中找出簡單的人類鑑別法或是性格判斷法，並不是那麼的容易。

心理學的「性格判斷法」具有科學的準確率。但是，由於專業的性格判斷法太過於科學化了，因此，不容易活用在日常生活中。而且這些性格判斷法都需要有專業知識，同時也需要花很多時間。由此看來，這個問題多多少少會觸及一些科學問題，但是，要找出更簡單，任何人都能夠活用的判斷法，就更形重要了。利用血型來進行判斷風行一時，就是因為這個原因。

本書是以動物為主題，從對話中掌握對方的性格，我們所說的是「依照動物的人類鑑別法」，這一定能對你的工作與愛情助一臂之力。

即使是一般問題很難回答的心理測驗，如果要你回答動物的話，也不會覺得太辛苦，因此，排斥的人很少。

例如，即使你無法很坦率的說出「我想成為美女」，或是「我希望瘦一點」，但是，只要你說出「我希望變成孔雀」，那麼你就說出你的心聲了。

Part ❶

測驗

在你心裡
動物是什麼呢？

分類測驗

每種動物都有其特徵，其最具體的表現就是行動。動物學的性格判斷法，就是分析人類與動物間共通或是類似的行動類型，判斷個別的性格，並且探究其人際關係或是相合性。

現在就進入以下的測驗，檢查一下你是屬於何種類型動物類型？(問題很多，請準備紙和筆記錄下來)

測驗1 點餐

你和對方在餐廳約會，如果對方點咖哩，你會怎麼樣呢？

A 和他一樣點咖哩。

B 不管他點什麼，都點自己喜歡吃的。

C 會點價格差不多的。

測驗2 等公車

當你想搭公車時，幾乎班班客滿。但是，還是可以勉強擠上去。

那麼，你會不會等下一班公車呢？假設下一班公車要再五分鐘之後才會來。

A 還要再等5分鐘！算了，那就坐這部吧！

B 想下一班車還是會一樣客滿，那就搭這班吧！

C 再試著等下一班公車。

測驗3 他人的親切

當你外出旅行時，突然頭非常痛。「這很有效」，有人親切的送藥給你，那麼，你會立刻吃下嗎？

A 向對方道謝，然後就吃下它。

B 接下對方的藥，待會兒再吃。

C 判斷「因為對某些藥物過敏，所以一定要吃自己熟悉的藥」。

測驗4 參加國王的宴會

如果有一天你被通知要去參加國王的宴會，而日期就在明天，則你會抱持著什麼樣的心情呢？

A 興奮的睡不著覺。

B 即使是像國王一般的偉人，他仍然是個人，所以不要太過於在意。

C 會出席這種盛大宴會的人，一定都是有頭有臉的人，希望能夠認識其他的人。

測驗5 人群

星期天走在路上時，看到一群人聚在一起。你不知道到底發生了什麼事情，但是這時你還有急事，那麼，你會怎麼樣呢？

A 稍微窺望一下。

B 立刻通過。

C 問問附近的人到底發生了什麼事情。

測驗6 自己感動

當你看到很感動的電影或是書時，你會將電影或是書的內容向誰說呢？

A 會將故事的內容巨細靡遺的向許多人說。

B 因為自己受到了很深的感動，所以會盡量的說服自己認識的人去看它。

C 不太會向人提起。

測驗7　車輛

有一天，你看到一輛白色的自用小轎車正往森林駛去。你並不知道車上坐著什麼人，那麼，在你的腦海中會浮現？

A　一對戀人。
B　一位男性。
C　一家人。

測驗8　將頭髮剪短的女性

一位蓄著長髮的女性進入美容院一小時後，剪了一頭俐落的短髮出來。你認為她為什麼要將頭髮剪短呢？

A　因為明天就要上班了，所以將頭

髮剪短。

B　因為失戀心情不好，所以索性將頭髮剪短。

C　因為髮型設計師說這個髮型較適合她。

測驗9　選一本書

假設你要一個人到離島生活一個星期，而你只能帶一本你喜歡的書去，那麼，你會選擇哪一本書呢？

A　無聊的推理小說。

B　聖經之類的宗教書。

C　輕鬆的幽默小說。

測驗10　樂器

相同的旋律只能用以下的一種樂器演奏，你會選擇哪一種呢？

A　小提琴

B　豎琴

C　長笛

測驗11　兜風中的男女

有一對男女正在兜風，女性看起來覺得很無聊的樣子，你認為她身邊開著車的男性，正在想什麼呢？

A　今天的約會很無聊，認為兩人的相合性不好？

B　她是不是身體不舒服呢？

C　該如何使她快樂呢？

測驗12　「心」這個字

說到「心」這個字，你會聯想到什麼呢？

A　戀愛

B　王牌

C　心臟

測驗13　目擊出軌的愛情！

假設你看到同公司的女性職員與一位有婦之夫進入一家飯店，她好像有看見你的樣子，你會怎麼反應呢？

A　假裝不知道並立刻通過。

B　事後悄悄將她叫到旁邊，給她忠告。

C　與她打招呼，日後再對她說出自己的看法。

測驗14 在餐廳付賬時

你們兩人在餐廳用完餐，要付賬時……。這時你瞥見正要付賬的男性皮包裡只有一張一千元的鈔票，而你們吃飯的費用是八百元，如果妳是女性，妳會怎麼想呢？

A 覺得對方雖然經濟拮据，但因為對方是男性，所以就讓他付吧！

B 稍後再將妳的費用交給他，各付各的。

C 覺得很不好意思接受他的招待，然後就吻他一下（不過，妳也不會付錢）。

測驗15 和別人約會你遲到了

你和朋友有約，但是家人突然生病了，你無法外出。看看時間已經過了約定時間三十分鐘了，你會如何處理呢？

A 相信朋友一定會瞭解自己，所以就讓他等吧！

B 立刻出門趕往約會的地點。

C 把事情交代別人之後就立刻出門。

測驗16 同學會

當你出席同學會時，與你較好的人沒有來，這時你會如何處理呢？

A　因為覺得無聊，所以提早離開。
B　既然已經來了，就要快樂的度過。
C　悶悶不樂的撐到最後，覺得這也是一種交往。

你是哪一種動物呢？

測驗全部結束之後，可以依照次頁的得分，判斷自己是屬於哪一種動物類型。

1、首先是測驗1（點餐）～測驗5（人群）的結果。A的數有幾個呢？

ㄅ　A的數有0～2個……W
ㄆ　A的數有3個以上……X

2、接下來看看計分表，算算各問題答案的總分。

16～28分……A　29～41分……B　42～52分……C
55～67分……D　58～80分……E

Q	A	B	C
1	5	1	3
2	5	3	1
3	5	3	1
4	5	1	3
5	5	1	3
6	3	5	1
7	3	1	5
8	3	1	5
9	5	1	3
10	5	1	3
11	1	3	5
12	1	5	3
13	1	5	3
14	3	1	5
15	1	5	3
16	1	5	3

3、最後將1與2相加，答案如下。

AW……松鼠　AX……白兔　BW……貓　BX……狗　CW……猴子

CX……烏鴉　DW……老鷹　DX……野豬　EW……熊　EX……獅子

例・1的測驗A的個數是1個…W，2的測驗答案是29分…B，在這種場合之下就是「BW」，結果就是貓。

狗型人與貓型人

狗和貓都是寵物，非常受人歡迎，同時也是人類最親近的動物。在此，比其他動物更詳細的將狗型和貓型加以分類。

狗型和貓型的特徵

和任何人都能夠合得來，具有社交性，適應能力良好的是狗型的人。雖然也有保守的一面，但是開放、大而化之的性格是最大的特徵。

狗型的人很喜歡照顧別人、很喜歡熱鬧，只要喜歡一件事情，就會把它看得很重要，他會努力讓對方不要傷心，是個體貼他人的人，因此非常受歡迎。此外，狗型的人也絕對不會焦焦躁躁或是神經質。

貓型的人具有自己的想法，也具有妥協性，不會要別人接受自己的想法，具有個性的思考方式及行動。另一方面，如果太過於神經質或是拘泥於一些小事，就不太能夠下決斷。

整體而言，具有女性纖細及羅曼蒂克的一面。能夠活用自己的幻想力來從事工作、談戀愛。不過，不像狗型的人一樣，會勉強自己和每一個人交往，會很清楚的表現出自己的好惡，對於討厭的人，會立刻表現出討厭的態度。

血統型、雜種型、個性型

不論是狗或貓，都有正統血統的正統型與野性的雜種型。喜歡成熟的常識型，固定型生活方式的狗、貓，是「血統型」。

相反的，反體制、喜歡變化的就是「雜種型」。

利用狗進行條件反射實驗的帕布洛夫，在實驗中發現了二種型。

有一種狗型是在實驗時，會立刻習慣實驗，即使是平常不喜歡的實驗，也會出現反應，即使對牠進行一些奇怪的實驗，牠也能夠立刻適應。但是，如果反覆相同的事情，牠立刻就會厭倦了，然後就會想睡覺。

另一種狗型則正好相反，一開始不但無法適應實驗，而且動作也會變得緩慢，不論對牠做什麼，牠都不會出現高興的反應。

但是，這種類型的狗只要記住一件事情，就會反覆的一直去做這件事情，即使讓牠反覆再多次，牠也不會想睡覺。

立刻習慣環境，追求變化的狗、貓是屬於外向型的，也可以說是「雜種型」。而順應性佳，一旦習慣之後就會穩定下來的狗、貓，是屬於內向型，也就是所謂的「血統型」。

而介於這兩者之間的，就稱為「個性型」。相當於狗型或貓型的人，可以從以下的測驗中得到更詳細的分析。不要想太久，要憑直覺回答。

狗型、貓型分類測驗

測驗1

請看下圖。依照個人喜好將這些點連起來，但並不需要將每一個點都連到。

測驗2

如果要你從以下的物品中選一項禮物，你會選擇哪一項呢？

A　市價十萬元左右的寶石。

B　現金八萬元。

C　一週後宣佈你得到十萬元的寶藏。

測驗3

如果有一天神明突然降臨在你面前，要你從以下的年齡中選出一個，並且就這樣度過一生，那麼，你會選擇哪一個呢？

A　三歲。

B　十五歲。

C　二十五歲。

測驗4

如果半夜你突然聽到「失火了！」你跑到外面一看，外面是一片火海，你必須要立刻離開這裡到安全的地方去避難。問題就在這裡了。

假設你身邊有一些東西，那麼，你會隨手帶走哪些東西呢？

A　相簿。

B　不知道裡面裝有什麼的公事包。

C　最近買的一套衣服。

測驗5

假設在你眼前的兩隻電話同時響起，

你會怎麼處理呢？

A　不管它，一直等到一隻電話停止為止。

B　接起一隻電話，讓另一隻電話一直響。

C　同時接二隻電話。

測驗6

假設有一位富翁要你從以下的三個別墅地點選擇一個，那麼，你會選擇哪一個呢？

A　半島的海邊。

B　島嶼。

C　山中的湖畔。

測驗7

假設在客滿的電車中，有一位女性的腳被踩到了，而你看不到這位女性的臉孔，那麼你想她會是什麼表情呢？

A　哭泣。

B　無表情。

C　憤怒。

測驗8

現在要出去郊遊，有以下不同的路徑，但是每一個路徑的目的地都是相同的，那麼你會選擇哪一個路徑行走呢？

A　曲折蜿蜒的平坦道路，但是路途

遠了一點。

B 蛇行的上坡道。

C 有隧道的路程。

測驗9

你進入賽馬場中時，比賽正好進行到一半，在最後關頭有四匹馬在競爭，你認為哪一匹馬會獲勝呢？

A 跑在最前面的馬。

B 第二名的馬。

C 第四名的馬。

測驗10

現在有一位女性在倒咖啡，你覺得她會倒多少呢？

A 非常少。

B 幾乎滿杯。

C 一半左右。

測驗11

假設你的好朋友要向你借二萬元，但是你的皮包裡只剩下二萬五千元而已，你會怎麼做呢？

A 說自己的錢不夠，因此拒絕他。

B 告訴他只可以借他一萬元。

C 照他說的數目借給他。

測驗12

在以下的三種圖形中，你喜歡哪一種圖形呢？

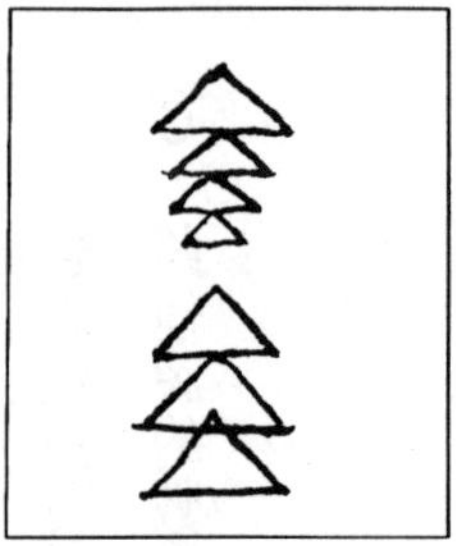

A

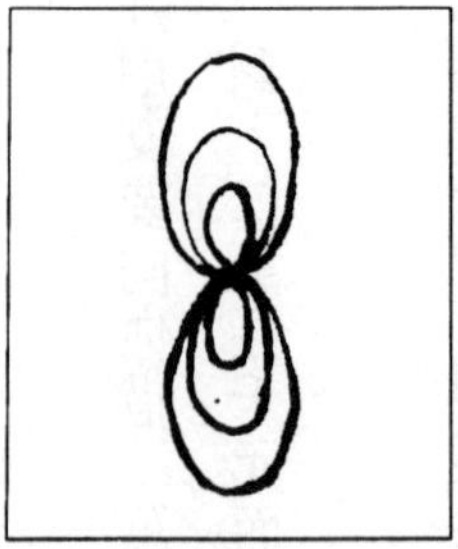

B

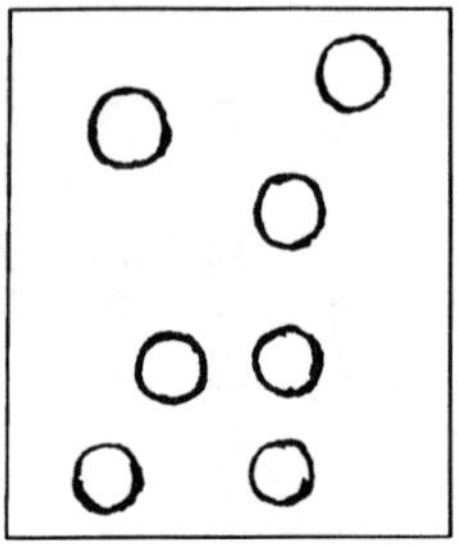

C

計分

先確定你畫○的地方，然後再依照表的得分基礎來合計自己的得分。測驗1的計分方式是看你連接的點的圖形，連接的點就是數，8以下是A，9～13是B，14以上是C。

Q＼A	A	B	C
1	1	3	5
2	1	3	5
3	1	3	5
4	1	3	5
5	1	3	5
6	3	5	1
7	1	5	3
8	1	3	5
9	1	3	5
10	1	5	3
11	1	3	5
12	5	1	3

12～26分……血統型

27～43分……個性型

44～60分……雜種型

〔血統型〕

●血統型狗人

血統型狗人，是屬於內向思考型。有識之士，對於長輩及上司非常有禮貌，具有正義感，不會做錯事情。是抱持安全第一主義的人，同時也是理想的公司人。尤其是女性，多半都非常認真，是謹慎派。

由於這類型的人屬於孜孜不倦型，所以不太引人注目，而本身也不喜歡引人注目。即使周圍的人不把他看在眼裡，他本人也不太在意。不著急，慢慢的往上爬，是這種血統型狗人的生活信條。

因此，不管是何種年齡，看起來都會比實際年齡成熟。不論男女，都不追求流行，有寧願固守傳統的傾向。服裝也是屬於保守型，不太喜歡太個性化的東西，也會在自己的經濟範圍內享受生活之樂。

不太喜歡參加宴會或是音樂會，也是這類型人的特徵，寧願一個人待在家裡唸書、看電視或是和自己的好朋友說話。

自尊心非常高，對於自己的知識、家世非常有自信。在選擇朋友時，也會封閉在自己的框框裡，有時會帶給人不好交往的印象。

在家庭方面，是屬於疼愛子女、為子女操心的人，是典型的圓滿家庭主義者。但是，欠缺冒險心、決斷力，依照選擇的伴侶不同而決定了他的將來。此外，通常都依常識來判斷而行動，所以不會有什麼大失敗。

和任何人都能夠交往，會努力讓自己配合他人，具有社交性，因此，也能博得他人的信賴。

●血統型貓人

另一方面，血統型貓人的場合，仍然是屬於內向的，但是，這種人是屬於感覺型的人。富於美的感覺。有養過貓的人大概就會知道，家貓為了得到主人的寵愛，會非常溫順。但是另一方面，牠也是任性、自私、只顧自己的方便，牠常常會做出讓飼主高興的行動，因此，這類型的人也有這方面的傾向。

血統型貓人，多半會做出令周圍的人注目的發言及行動，和狗人是相反的。而他所擁有的物品大都是舶來品或是名牌。

如果是男性，多半個性不定。對於人的好惡表現得非常明顯。對於地位比自己高的人會畏懼三分，但是，對於自己的部下卻非常嚴厲，這是很容易被討厭的類型，必須要特別注意。很在意學歷和家世。

此外，如果是女性，則做任何事都得不到滿足，容易陷於慾求不滿的狀況當中，需要特別注意。富於社交性，這也是她的長處。

〔雜種型〕

●雜種型狗人

這類型的人，一言以蔽之就是行動型。如果是一般人大概會厭倦的事情，他也會積極的去面對，充滿著意欲。在日常生活中，充滿著活力與朝氣。

這類型的人一停下來，大概所有的人都會擔心「他是不是生病了」。不斷的對於新的事物寄予關心，對於流行非常敏感，不在乎一、兩次的失敗。

只不過這種人最大的特徵就是，不會先經過仔細的思考才再加以準備行動，而是先做了之後再思考，因此，如果能夠成功的話，是屬於大成功，但是相反的，如果失敗了，他的損失也會比一般人來得大。

雜種型狗人如果能夠得到指導者、前輩的支持的話，比什麼都重要。一旦開始了，就要堅持到最後，養成這種習慣是雜種型狗人成功的秘訣。

●雜種型貓人

這類型的人會帶給人外向的感覺，能夠得到神秘的神的恩寵。理想與目標都很高，擁有一般人所沒有的指導能力的比例也非常高，是這類型人的特徵。

但是另一方面，以自我為中心，只要一不高興，就會露出不悅的表情。不聽對方說話，為所欲為，只是自顧自的說話，如果對方不照自己所想的，心情就會不好，因此對於周圍的人而言，也許是屬於麻煩的存在。

這個缺點也許會為你帶來各種挫折，所以你必須要注意不可。

雜種型貓人具有很大的野心，應該是屬於野心家的類型，不在意一點點的失敗，具有強烈的意欲。

不管做什麼事情都能夠發揮非凡的才能，因此，周圍的人對他的期待也非常高，這是他的優點。他是屬於大成功可能性非常高，具有魅力的人。

敵人多，但是朋友也多，而且具有化敵為友這種不可思議的能力。

〔個性型〕

●個性型狗人

體格好，會帶給人老闆的印象，接近他之後覺得他有一種威嚇感，會讓周圍的人在不知不覺中就順著他的步調走。聲音很大，笑聲也很大。即使是上班族，在和上司說話時，也往往忘了上司和自己之間的區別。但是說話非常冗長，不容易有個結束，這是最大的缺點。

此外，能夠清楚說出ＹＥＳ或ＮＯ，看到別人有脫軌的行為就會想要嚴厲的制裁對方，是個正義漢。

這類型的人不喜歡冒險，是具有常識的人。具有朝氣、年輕化，不會勉強自己做不該做的事情，因此，是屬於安全志向型的人。能夠適度的燃燒自己的熱情、能夠適度的燃起自己的能量。

不過，這類型的人如果在年輕時過度自信，則可能會導致大失敗。

平常腳踏實地、認真工作，但是一旦有需要時，就會發揮意想不到的能力，這就是屬於個性型狗人。也許在周圍人的眼中，你是個缺乏勇氣的人，但事實上，在你內心深處隱藏著積極性和勇氣。

你關心新的事物，但是，不會毫無計劃的這個也想碰、那個也想碰。也就是所謂現代感十足的人。

無論做什麼事情都會依照自己的步調慢慢去做，這應該是正面的，會在安全的範圍內分勝負，好好的利用自己的技術，可以伸展自己的實力。

●個性型貓人

感情非常敏銳、豐富，這就是個性型貓人。

不論男女，情感都很脆弱，是重視義理人情的類型。但多半都是屬於三心二意、頑固的人。喜歡照顧別人，也會體貼別人，但是有時做得過度反而會讓別人覺得自己雞婆，或是因為表現的方法不對而產生負面的影響。

最重要的是，雖然你有一顆體貼的心，但是也要顧慮到別人的面子或是需要，否則會被誤解為你是個頑固的人。

不管怎麼說，你是個對晚輩和部下都非常照顧的人，一言以蔽之，你就是屬於有情有義的老闆類型。但同時擁有好的前輩、上司、指導者，對你而言也是成功的重要因素。與其在富有創造力、幻想力的空間裡打轉，倒不如累積各種體驗，好好鍛鍊自己，掌握機會。

這類型的女性最大的特徵，就是很多人在三十歲之前就能夠掌握大金錢，是屬於幸運的人。在你的周圍是不是有這類型的女性呢？

※　※

以上就是將狗型和貓型的人再加以細分為「血統型」、「雜種型」、「個性型」。

接下來就針對狗型、貓型以外的動物與人之間的關係進行解說。

其他的動物

◈猴型人

●男性

猴型男性，是追求刺激的冒險家類型。

容易感覺寂寞，性格不定，因此，容易追求冒險與刺激是這類型人的特徵。

對於各種事情都非常關心，但是，缺點是三分鐘熱度。

●女性

另一方面，女性是相當具有知性的理論

家。是非常優秀的人才，但是，卻不太具有能夠特別提出來讓自己自豪的部分。然而，這類型的人自尊心都非常高，而且對於自己知識的能力具有強烈的自信，希望能夠獲得他人的認同，獲得他人的稱讚。

然而，妳卻不會露骨的表現出來，只會很忍耐的等待周圍的人的認同，這是因為內向的性格使然。

妳的外表看起來非常溫柔、順從，但事實上，卻是個內心非常堅強的人。批判的精神非常旺盛，思考也非常縝密，而且妳的批判非常的尖酸刻薄，但是妳並不會攻擊對方，可以說是非常安靜地一匹狼。

妳會很乾脆的說出想說的話，但是，卻不會去聽別人說話。對於自己有興趣的事情會非常投入，對於妳不感興趣的事情卻缺乏動力。

松鼠型人

●男性

松鼠型的男性非常理性，性格非常乾脆，對於事物的判斷非常俐落，能夠在醫學的領域上成功的人，大都屬於此類型。

此外，在發明、發現方面留下業績的人也不少。

●女性

松鼠型的女性所散發出來的氣質讓人不敢親近，她總是保持孤獨，在遠處靜靜的眺看各種事物，具有冷酷的魅力。

自尊心相當高，絕對不會輕易將自己的

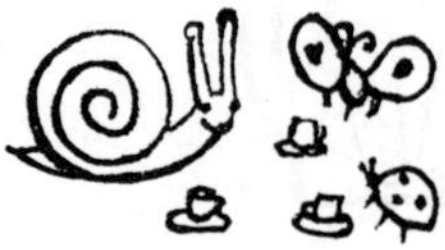

弱點表現出來。

內心總是不斷提醒自己要表現出十全十美的樣子，因此，在自己的內心中築起一道非常高的城牆，不准別人踏入雷池一步。幾乎沒有可以稱為是閨中密友的朋友，也是因為這個緣故。

但是，與沉靜冷淡的氣質相反，幾乎所有的人都具有三心二意的一面，容易感覺寂寞、想黏人、具有體貼的心，眼淚也非常脆弱，具有歇斯底里的一面，而且對於他人會採取強勢的態度、高壓的手段，個性善變，有一點任性。但事實上，在妳的內心深處卻充滿了天真率直的一面。

只要能夠出現一位真正瞭解妳的人，那麼妳就會有非常大的改變。

◆白兔型人

●男性

白兔型的男性非常踏實、樸實，是屬於大器晚成型的人。

神經質、內斂，多半是屬於內向性格的人。

腳踏實地，孜孜不倦的努力的類型。不喜歡冒險，絕對不會有過度激烈的行為，是屬於安全第一主義者。

一般而言，是屬於大器晚成型，學生時代的成績也是一樣，總是在班上的中等程度，是不太矚目的存在著。

●女性

白兔型的女性具有女性的溫柔婉約，並且具有豐富的感受性以及纖細的性格。敏感、容易受傷，總是非常在意對方的心情。

對妳而言，最討厭的事就是和別人產生爭執，因此，妳會盡量迴避不好的氣氛，即使是說謊也不在意。

當然也會有人誤解妳這種想要和每一個人都很好的心情，而在背後說妳是「八面玲瓏的人」。但是大多數的人還是能夠瞭解妳溫柔、纖細的內心。

妳並不是那種面對一個目標就會燃起鬥志，勇敢領導周圍的人的類型。妳是屬於那種喜歡待在很多人的人群中，內心才會感到安全，並且喜歡撒嬌的人。

野豬型人

●男性

野豬型的男性，總是沉醉在夢想中，對於現實的事情不關心，是屬於幻想家。

喜歡文學或是音樂，憧憬小說或是電影裡的主角。

總是感到慾求不滿，容易追求刺激，總覺得自己應該做些什麼，但是，力量卻找不到宣洩的出口，總是焦焦躁躁的。

●女性

野豬型的女性非常積極，是充滿鬥志的人。有不服輸的一面，總是依照自己的想法

來訂立計劃以及下決斷。

因此，如果事情沒有依照自己的想法進展，就會猛然燃起鬥志，即使遭遇困難也不會退縮，能夠勇敢的面對困難。對於事物的判斷非常的快速也是妳的特徵，妳是屬於很討厭被他人指指點點的類型。

性格非常乾脆，不管從哪一方面來說，妳都是個蠻男性化的人，妳非常開朗，想法也非常樂天、正直，能夠勇敢面對事物，所以能夠獲得別人的好感。但是相反的，容易被他人背叛也是特徵之一。

妳最大的缺點就是三心二意、善變。妳無法腳踏實地的努力，追求單一的目標，妳無法忍受單調的生活。

乍看之下，妳帶給人頑固的印象，但是意外的，妳也有脆弱的一面。

◈獅子型人

●男性

獅子型的男性，是百獸之王，以自我為中心、不服輸。

有實力、判斷力，是個性非常強的人，多半都是屬於運動型的人。

協調性稍嫌不足，在交友方面也有偏頗，不會滿足於平凡的愛情。你經常會表現出一些讓周圍的人非常訝異的性格。

一般而言，具有非常俐落的行動力以及積極性，具有獨立心，對女性而言是很難應付的人。

●女性

獅子型的女性不管在服裝或是喜好方面，都很討厭醒目的人。做任何事情都不喜歡表面的豪華，而寧願注重內在的精神，妳是個能夠面對孤寂的人。

妳絕對不是醒目的存在，甚至可以說妳非常討厭自己很醒目，但是，在妳的內心深處隱藏著非常了不起的長處，因此，什麼事只要委託妳做就可以放心了，其他人不管有什麼事也都會很願意來找妳商量。

面對這樣的情況，妳也會很關心對方，並且拼命的幫助對方。與妳交往越久的朋友就越瞭解妳這種長處，因此，妳應該有很多從以前就交往的好朋友。

但是，妳也有頑固的一面，雖然不能說是缺點，但是一旦事情決定之後，妳便很難去改變它。人際關係方面也是一樣，有時也要懂得奉承與做表面功夫的要領，這樣才不會受到不認識的人的誤解。

◈熊型人

●男性

熊型的男性不會被失敗所擊倒，是屬於立身處世的成功型，也就是所謂猛烈型的人。

乍看之下也許會覺得這個人很溫馴，但是他卻有著非常大膽的性格。會依靠自己的實力來工作，並且具有衝勁。即使經過幾次失敗也絕不退縮，非常有耐性。

年輕時雖然沒有好運氣，但是年近三十時，就能夠掌握好機會。

適合當企業家、技術者、藝人，也就是

所謂的成功型。擁有從零開始而發展至大成功的好運。

●女性

熊型的女性非常安靜，是屬於誠實的人。心情不易動搖，非常沉著，因此，獲得大家的信賴。和妳說話會有一種「心裡很踏實的感覺」，而且妳也具有將這種氣氛傳達給他人的能力。

妳絕對不是一個華麗的人。經過踏實的努力，再加上妳的意志非常堅強，具有忍耐力，因此對周圍的人會產生很大的影響力。不論站在什麼立場，妳都能夠領導他人。

妳能夠以冷靜的態度，客觀的看待事物，而且一旦妳集中思考，就很少會出錯，因此贏得大家的信賴。但是，妳很討厭自己非常醒目，妳渴望依照自己的步調，安靜的過生活。

◈烏鴉型人

●男性

烏鴉型的男性，具有理解力，一旦下定決心之後就會馬上展開行動，是屬於積極付諸行動的性格。

具有社交性、活潑，在班上或是職場上，都是受人歡迎的人。但是，你對人的好惡表現得非常明顯，如果遇到不喜歡的人，你就好像變了一個人似的。

●女性

烏鴉型的女性，無論從哪一個角度來看，都具有令人難以抗拒的魅力。

妳的周圍就好像充滿了神秘的氣氛一樣，雖然妳擁有孤獨的氣氛，但是另一方面，妳又讓人覺得妳很威風凜凜，是令人很想靠近妳的女性。

具有非常優雅的禮節，而且絕對不會瓦解，自尊心非常強，不願讓別人透視自己的內心，因此與人接觸總是保持一定的距離，所以別人總是很難捉摸妳。

此外，妳也很討厭拼命的工作，讓自己的心靈呈現沒有餘裕的狀態。

妳總是讓自己非常從容，讓自己充滿優雅的氣氛。就算與人交往也是一樣，能夠配合氣氛，完全享受在彼此的歡樂中，最好盡量避免感情激烈的交往。

妳非常重視幽默與機智，也是這種內心的表現。妳認為自己與一般人不同，這種意識非常強烈，因此，也有人會在背後說妳非常自傲。但事實上，不願被他人看到的妳的本心，是很容易受傷的。

◈老鷹型人

●男性

老鷹型的男性，具有行動力，從孩提時代應該就是被期待的養育著。

優秀型、頭腦很好，而且有很好的主意，具有將自己的思考付諸行動的行動力。在公司裡，一般也都是居於帶頭的地位。

●女性

老鷹型的女性具有優雅與知性，是個非常沉靜的人。

個性非常謹慎，絕對不會出軌，總是

堅守自己的立場，是非常踏實的人。

非常理性，不論面對何種狀況都不會紊亂，而且凡事不偏頗，堅守自己的立場，能夠冷靜的處理事情。絕對不會有感情用事或是依照當時的氣氛而出軌的行為出現，因此深受許多人的依賴。

不管遇到什麼事情都會和顏悅色的接受，但是，卻不會將自己的真心表現出來。妳會接受面對妳的人，妳自己卻不會積極的去追求，而是採取消極被動的態度。

追求妳的人也許很多，但是，妳喜歡的人卻很少，有時妳會露出孤寂的表情，這就顯現出妳內心的狀態。

欠缺實行力也是妳這個人的缺點，妳往往過於謹慎而讓大好的機會逃掉了。

思慮縝密、謹慎，這就是妳。

諾亞方舟測驗

在以對動物的喜好或是對動物的潛在意識為基礎所進行的性格測驗中，最有名的就是「諾亞方舟測驗」。這是法國心理學家喬治・洛梅伊（Georges Romey）所想出來的。這是依照榮格或是佛洛伊德的精神分析法為基礎，依照一個人對於動物的喜好來測驗他的深層心理。對男女所喜歡的動物進行統計分析，調查「動物」所具有的心理印象。

那麼，讀者知道自己是屬於哪一種動物型嗎？以下的測驗是假設自己是動物的時候，以各種深層心理或是願望為基礎所進行的判斷。先不要管自己是屬於哪一種動物型，先做以下的各種測驗吧！

這是從第二章開始，有關於職業與愛情的判斷不可欠缺的一部分，也是對性格綜合診斷的測驗。

測驗1 好奇心

請看上面獅子的動作。如果你是獅子，你會做出哪一種動作呢？

回答A的人

往往只沉浸於自己所關心的事情中，對於其他的事情則抱持完全不關心的態度。自己想做的事情如果不立即去做，就會生氣，具有沒有耐心的傾向。

判斷現在的狀態，如果妳是女性，一定是現在有妳想要做的事情，但是，卻受到阻礙，也許妳很生氣。

如果是男性，則你具有集中力，能夠燃起慾望，是不會因此而死心的男性。

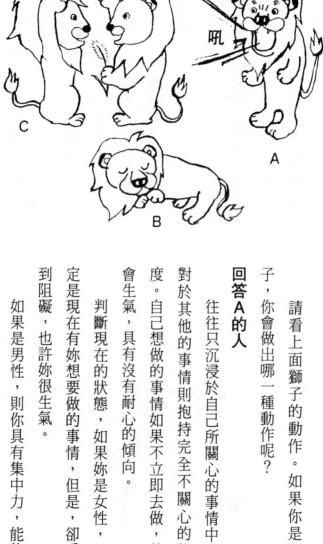

回答B的人

消極，不會對新事物動心，也許你現在正疲累不堪。

在平常你都是湧現意欲的，但是現在卻沒有辦法，也許是因為做太多了。這只是因為你太投入而透支了太多的精力。

在此，可以考慮好好休息一下。

回答C的人

具有好奇心，不管看到什麼都想去做做看。對於新事物會燃起慾望，即使是以前不想做的事情，現在也會充滿好奇心。

你的人緣也很好，會有許多朋友來約你，不過你現在的狀態有走得太前面的傾向，因此，慎重是非常重要的事情。

測驗2　社交性

希望變成何種動物的願望，就代表著你待人接物的方式。依照這個動物所具有的意向來判斷你是如何待人處事的。

那麼，你希望變成哪一種動物呢？不要想太久，立刻回答。

A　猩猩
B　大象
C　長頸鹿

A　回答猩猩的人

猩猩象徵的是魁梧、支配慾。雖然具有社交性，但是支配慾相當強，總是以自我為中心。如果凡事不以自我為中心來進展，你就會心情不好。如果大家的眼光不朝向你，你就會產生不滿。

總之，具有孩子的任性，而這種任性

就是你最大的缺點。

B　回答大象的人

大象是巨大的動物，但是給人非常容易親近的印象，代表著服務的精神以及犧牲的願望。與任何人都能夠和平相處，而且充滿服務的精神，能夠帶給周圍的人安心感。當他人有煩惱、困難時，你是絕對不會袖手旁觀的。因此獲得大家的信賴。

但是，你這個人非常謙虛，所以也許沒有注意到這件事情吧！

C　回答長頸鹿的人

長頸鹿代表高個子與心曠神怡的獨立心，此外，也訴說著貴族的優越感。你覺得與人交往非常麻煩，容易成為山寨大王。悠閒自在，對於他人的事情毫不關心。你不會將自己的心情表現於外，即使是長期交往的朋友，大概也都不瞭解你吧！你是不是覺得與他人交往非常麻煩呢？

測驗３　家庭觀

從你喜歡的動物組合中，就可以看出你所追求的家庭度。這是將日常生活中人與人之間的關係，投影在動物方面的測驗。

在以下的組合中，你最喜歡哪一項組合呢？

A　親子鹿

B　情侶蜥蜴

C　河馬兄弟

A　回答親子鹿的人

是個非常具有家庭性的人，對家人非常體貼，非常溫柔，無法一個人生活，而且受不了一個人長期在外旅行。往往會沉醉在家庭的氣氛中。

如果是女性，容易向父親撒嬌，而如果是男性，則容易向母親撒嬌。

B　回答情侶蜥蜴的人

與其和家人在一起，寧願和自己喜歡的朋友相處。

追求羅曼蒂克的約會更勝於與家人之間的交往，不喜歡被家庭所束縛。

C　回答河馬兄弟的人

是非常顧慮兄弟感情的人，只要兄弟對自己說了依據鼓勵的話，自己就能夠精神大振。沒有兄弟的人，也許會在和自己交往的朋友中，找出一個能夠激勵自己的人。

測驗4　加油度

從蛋的聯想越大，就表示加油度或是期待越大。

從蛋裡會生出什麼，就象徵著能量的泉源。是會生出魁梧的生物或是優雅美麗的生物呢？它代表這個人現在的狀態，也可以了解他的持久度以及能量如何。

聯想的東西有以下三種。

A 恐龍

B 大老鷹

C 小雞

另外，也可以選擇「**什麼也沒生出來**」。

A 回答恐龍的人

是很重視偉大的夢想與理想的人。

總是擁有非常偉大的夢想，不斷向新的事物挑戰。

不論是在工作方面或是在人生的旅途上，都是往前邁進的類型。充滿了刺激性的冒險願望。

B 回答大老鷹的人

充滿幹勁，但是卻處於力量無法發揮的狀態中。你是不是覺得懷才不遇呢？你是不是覺得自己拼命的努力，但是結果卻不如預期，而非常悔恨呢？

C 回答小雞的人

是屬於安全第一主義，絕對不會勉強的人。

不管什麼事情交到這種人的手中，都不會一開始就往前衝的去做這項工作，而會一步一步腳踏實地的往前進，是屬於孜孜不倦、認真型的人。

但是，這類型的人只要一引起幹勁，

就會燃起熊熊的慾望，能夠得到很好的結果。

回答什麼也沒生出來的人

不管做什麼事情都沒有力氣，是缺乏生命力的人。

這項心理測驗的消極，也代表著在工作上或是人際關係上，也就是對於整個人生都是意欲不足的狀態。

只要加油努力，就一定能夠成功。但是這種人往往會將事情往壞的方面想，因此會越來越消極。對自己沒有自信就是最大的缺點。

此外，不管做什麼事情都想要依靠他人，依賴心太重了。

測驗5　親切度

假設你在開車時，有一隻大象突然出現在你車前。擋在你前面的東西，就象徵著人生的障礙以及危然的人際關係。

從擋在車子前面是什麼樣的東西（巨大的、小的、可愛的）來瞭解你對人的體貼度以及親切度。

從這樣的狀況中，也可以判斷你在家庭中的親切度。

擋在車子前面的大象，是以下三種中的哪一種呢？

A　親子象

B　小象

C　大象

A　回答親子象的人

內心非常溫柔，總是以體貼的態度面對他人。能夠充分理解他人的心情，絕對不會做出令對方討厭的事情。

此外，不喜歡冷漠、不溫柔的人。

B　回答小象的人

雖然非常親切、溫柔，但是卻不擅長將這種心情表現出來。如果能夠更清楚的表現你的真心，那麼，就再也沒有人比你更值得受人疼愛的了。

讓自己的內心更純樸、更天真，比什麼都重要。

C 回答大象的人

是不會撒嬌、非常堅強、嚴肅的人。很懂得自我控制，所以不會向別人撒嬌，而且也很討厭被他人依賴、撒嬌。

測驗6 賺錢思考度

想像從大樹的後面會出現什麼動物？這種幻想力與工作或是賺錢的思考度有密切關係。

在工作或是賺錢方面，思考都是決勝負的關鍵。獨特的想法是賺大錢的必備能力。越會聯想到強而有力的動物，越是有行動力，越是能夠賺大錢的人。

那麼，你想從大樹的後面會出現什麼動物呢？

A 大猩猩
B 黑猩猩
C 長臂猿
D 熊貓
E 鹿

A 想像大猩猩的人

具有活力，行動比思考快，所有想要的東西都非得到手不可。

對於金錢與名譽的願望非常強，拼命努力自我實現。有了賺錢的好主意之後，就能夠賺大錢。

B 想像黑猩猩的人

看似沒有慾望，事實上是對賺錢不太熱衷的人。由於你是很懂得要領的人，所以即使他人有損失，你也不會有損失。你非常瞭解金錢的價值。

一旦有了大錢之後，你就會非常重視，有時可能會被他人說你吝嗇。

C 想像長臂猿的人

是會依照自己的想法，下工夫賺錢的人。

會活用自己的技術，著眼於他人沒有注意到的地方而賺錢，但有時也會沈迷於賭博。

你也許會極端的利用不正當的方法去賺取大錢，但是你也會被比你厲害的人所騙，所以你不要想用旁門左道賺錢，應該踏踏實實的努力工作才是最重要的。

D 想像熊貓的人

熊貓所代表的是親切、溫柔、社交性以及服務，並不是有很多想法的人。在金錢方面，也是屬於不會率直表現出自己慾望的人。

E 想像鹿的人

鹿象徵的是知性的好奇心，當然也充滿了各式各樣的想法。這類型的人是能夠依照自己的想法賺錢的人。

測驗7 異性願望

這項測驗是檢查你的「憧憬的戀人像」的測驗。

對於動物的喜好與你對於異性的願望有很深的關係。你憧憬的異性像就反映在你喜歡的動物上。

從以下的動物中，選擇一種你最喜歡的動物。

A 猴子

B 鵝

C 老鷹

D 孔雀

E 白鷺鷥

A 回答猴子的人

重視彼此是否合得來，是否能有明朗的會話更勝於外觀的人。憧憬靈活、俐落、感覺開朗的異性。

多半會被喜歡講話、具有社交性的人所吸引，頭腦不好的人無法令你滿足。

此外，如果彼此的興趣或遊戲的感覺不一樣，你也會受不了。你所憧憬的對象是具有幽默感，給人非常開明的印象，和他在一起，你自己也會快樂。

B 回答鵝的人

鵝非常純真，代表有潔癖、追求完美。這類型的人所憧憬的對象是非常聰明、完美，而且品味非常高的異性。

此外，從各方面來看都是容易一見鍾情的人。另一方面，也很容易被有潔癖、認真的人吸引。只不過往往在交往中就改變心意了。

比較麻煩的一點是理想太高了，即使自己不是童真或處女，但是也會希望對方是童真或處女。

C 回答老鷹的人

不重視外表，憧憬值得依賴、堅強的人。

會很在意對方的才能、家世、學歷。會被投入工作或是自己所喜歡的領域中的人所吸引。所喜歡的異性是即使現在懷才不遇，但是對於未來仍有偉大夢想的人。

D 回答孔雀的人

是會對對方的喜好囉嗦的人。如果不是追求理想而是平凡的對象，你就無法感到滿足。很容易受第一印象所左右。

缺點是對於憧憬的異性和關心度會經常改變，很容易受到電影或是小說的影響。也許你昨天說「最喜歡演員A」，但是今天又會說「很喜歡那個配角B」。

總而言之，你是很容易追求理想的人。此外，你也很容易被應該與你合不來的人吸引。

E　回答白鷺鷥的人

容易被個性的魅力所吸引，你是個會對對方的喜好囉囉嗦嗦的人。

因此，你一點也不關心平凡的人，就算是在職場上，你也非常憧憬那些在工作方面非常能幹的人。

不管從哪一方面來說，你都是喜歡強者的類型。但是如果弄不好的話，你就很可能會捲入醜聞或是糾紛中，也有可能終生單身。

測驗8　與人交往

這是在檢查你「對於他人的好奇心度」的測驗。

現在你想像大猩猩和牠的同伴在叢林中，此時猩猩們會做出什麼行動呢？

你和朋友在一起時所採取的態度，容易反映在日常你對於朋友是不是體貼、親切方面。這時先想像自己是大猩猩後再回答。

A 二隻大猩猩一起進入叢林。

B 一隻大猩猩進去，但另一隻大猩猩沒有進去。

C 沒有一隻進入叢林。

回答A的人

人際關係沒有不滿，很容易與他人相處。

這類型的人充滿好奇心，是個樂天家，內心非常開朗。任何時候都可以和任何人和平相處，其特色是會因交往對象的不同而改變自己的興趣。

此外，對於各式各樣的人、事，都非常感興趣，因此，有時也會被認為是個花心的人。

回答B的人

對於自己喜歡的事情會表現出好奇心，但是，對於自己討厭的事情則是完全不聞不問，是個黑白分明的人。

一旦有了自己想要的東西，就非得要得到不可。但是不管從哪一方面來說，你都是一個畏首畏尾的人，所以無法同時進行兩件事情。這類型的人如果沒有一個清楚的目標，就無法行動。

回答C的人

具有警戒心，是個城府很深的人。對於周圍的人非常喧譁的事或是人物，一點也不表現出好奇心。

而這種無關心、警戒心強的原因，也許在於自己根本不清楚自己想要什麼，或是因為城府太深，害怕自己的弱點被他人看穿。

雖然這個也想做、那個也想做，充滿了好奇心，但是多半是什麼也沒有做。

測驗9 幻想力

小孩具有大人所比不上的獨特的想像力。在做這項測驗題時，請你回歸孩提時代的心情來作答。

假設你現在來到一個位於非洲熱帶叢林中的湖泊。請你想像從這個湖泊中會出現什麼動物。藉由想像的動物可以判斷你

幻想力的強度以及敏銳度。

A 恐龍

B 鱷魚

C 河馬

D 人魚

A 回答恐龍的人

總是追求刺激、變化，想像力超群，無法滿足於平凡的事情。

不管什麼事情，如果沒有刺激或是無法讓大家驚訝，你就不想去做。

這類型人的缺點就是想像力先行。只是一味的讓想像力在自己的腦海中擴大，但是卻多半無法付諸實行。

不過，這種人仍然有著偉大的夢想。

B 回答鱷魚的人

做任何事都非常認真，是會熱心投入研究的人。

有時會有非常獨特的想法，但終究還是具有常識性思考的人。是能夠很率直的去想大家所想的事情的人。

能夠在被給予的框框中，去實現夢想的人。

C 回答河馬的人

這個也想太多、那個也想太多，結果反而無法湧現想像力。

雖然想要有比較奇怪的想法，但是多半都只停留在非常單純的想法中。

自己不斷拼命地想讓自己有獨特的想法，但結果往往也只出現平凡的構想而已。

D 回答人魚的人

你不僅會想出別人想不到的事情，而且你的夢想也充滿了羅曼蒂克。

幻想力有偏頗也是這類型人的特徵。多半對詩、音樂等藝術方面的領域非常關心。但是，這類型的人不會把它當作單純的夢想而已，在往後的工作或是人生中，也會活用這一類的想法。

測驗10 人氣度

從喜歡哪一種動物的叫聲（響亮度或是聲音的高低）來判斷這個人的類型。

越是平穩、溫順的人，越喜歡溫順的聲音。

相反的，越是反抗、攻擊的人，越是會聯想出恐怖的、尖銳的聲音。

親切的人在和人交往時也很用心，人緣也很好。而具有反抗性的人，即使在與人交往時也不用心，因此，人緣也不太好。

你喜歡下列哪一種動物的叫聲呢？此外，你會很容易的想出來嗎？

A 象

B 猴子

C 獅子

D 小鳥

A 回答象的人

不管是年長者或是年輕人，人氣都是超群的。你的身邊總是圍繞著很多朋友，而且也會有很多朋友幫助你。

當你有煩惱、苦痛時，一定會有人從旁幫助你，給你建議。

B 回答猴子的人

因為你太急於獲得人緣，結果反而使你的人緣降低。

這類型的人是屬於歇斯底里型。不管遇到什麼事情，都會顯得很焦躁、急躁，帶給周圍的人不夠充裕的印象。

因為你太希望引起他人的注意，因此反而會被別人討厭。這時你應該更冷靜、更沈著才對……。

C 回答獅子的人

有時很容易受到誤解，你應該表現出率直的自己才對。

想像獅子怒吼聲的你，希望向周圍的人展現自己的慾望非常強。此外，你的支配慾也非常強。因為你的這種表現，往往也會使朋友討厭你。

D 回答小鳥的人

會聯想到小鳥叫聲的你，對於周圍的事情非常關心。而因為你的關心，也使你贏得了大家對你的尊敬。你會側耳傾聽對方想說的話，這就是你獲得他人喜愛的秘。

測驗11 惡意度

這個測驗也稱為「友誼測驗」。

看你是聯想到對方討厭的事情、害怕的事情或是溫和的事情。因為聯想的不同，你的惡意度也不同。越是聯想到討厭的事情的人，對對方越是有攻擊性，惡意度也越強。

那麼，你喜歡以下哪一種動物的臉呢？

A 小猩猩的臉
B 河馬的臉
C 獅子的臉
D 小白兔的臉

A **喜歡猩臉的**

具有溫和性，不做他人討厭的事情。

在人際關係上非常謹慎，會抑制自己的感情與他人交往，即使生氣了也會忍耐。

B **喜歡河馬的臉的人**

會惡意的欺負對方而自己也不太在意的人，會將自己平常的不滿一味的發洩在對方身上。

尤其是對於年長者、上司、前輩充滿惡意，但是對方也會回應你相同的惡意。

C **喜歡獅子的臉的人**

看起來好像惡意度很高，但事實上卻是非常認真、溫和的人。

你本來就是個容易被欺負的人，因為太過於溫順而使自己吃虧。而欺負你的人大都是比你弱的部屬或晚輩。

D **喜歡小白兔的臉的人**

事實上，你是充滿惡意的人，但是你

卻很會掩飾這種心情。

而你的惡意之所以會強烈的表現出來，通常都是原本不比你受歡迎的人，現在卻非常受歡迎，或是大家都將眼光集中在其他人身上，你因而產生嫉妒心。

測驗12 金錢力

這項測驗並不是動物本身的測驗，而是以所選擇的動物的行動方法為基礎，來瞭解你的性格或行動力。請看圖來選擇不同的道路。

A道路

不浪費，會努力不間斷的存錢，一點一滴的累積財富。是個不急躁，會很踏實存錢的人。如果有慾望就會遭遇大失敗，是不會隨便買股票的人。

B道路

不會多想，會一下就將錢花掉的人。是沒有金錢感覺的人。你最好把錢交給別人保管，因為如果你有錢，你就會立刻把錢花掉。

C道路

也許充滿了慾望，也會形成浪費。

對於金錢的慾望非常強烈，但是覺得要努力的賺錢非常麻煩。一旦你有了錢，就會怠惰，而浪費就是你的缺點。

D道路

你現在是處於金錢慾非常強的時候，你是不是想在這個時候賺大錢呢？你是不是想利用賭博賺大錢，或是做什麼生意來賺大錢呢？這時的你充滿了金錢慾。

如果你的目標太大，那麼將會遭遇大損失，但也可能因此而賺大錢。

測驗13　焦躁度

這個測驗也是「友誼測驗」之一。

越是焦躁，越是對他人有攻擊心的人，越容易想像災難發生在弱者、沒有力氣者的身上。

如果你現在非常焦躁而想丟石頭，那麼你的目標是什麼？

A 狗

B 豬

C 獅子

想要丟東西時，會想要去丟一動也不動的動物的人，是具有柔軟性常識的人，這種人慾求不滿的情況也非常少。

A 回答狗的人

焦躁時很可能會對人咆哮。當遇到不如意的事情、討厭的事情時，就會認為都是周圍的人害的。

「都是那個人不好」或是「我已經拼命在做了，為什麼還是這個樣子」等，是會立刻怪罪於他人的類型。

因此，一旦自己焦躁時，也許會拿起東西來就丟自己的寵物。而這類型的人拿起石頭最想丟的，事實上就是人。

B 回答豬的人

是個心情變化無常的人，即使焦躁也馬上就能夠恢復。

時間能夠化解焦躁的情緒。就算生氣也只是這個時候生氣而已。但他的焦躁並不會帶來太大的影響。

C 回答獅子的人

不常焦躁，總是非常有朝氣、非常開朗，但是只要一生氣起來，大概比誰都恐怖。是個天生的樂天派，會吃吃喝喝來化解自己焦躁的心情。

就算自己真的很焦躁，也會進去浴室洗個澡、唱個歌，之後就煙消雲散了。

測驗14 樂天家度

當你走在路上，前面突然出現一個大洞時，這一瞬間你會怎麼想？

A 會掉到洞裡面

B 會順利的跨過這個洞

C 會在中途改變方向

越是想到不好結果的人，越是屬於外罰型的性格，凡事都容易有負面的想法。越是預測好結果的人，越是樂天派。

從不迷惘，則代表對於任何事情都非常謹慎的性格。

想到A的人

凡事都只想到不好的一面，往往會因此而造成損失。擁有必要以上的警戒心，凡事反而無法順利的進行。不停的想沒有辦法、沒有辦法，到最後自己當然沒有辦法。

想到B的人

是不管遇到什麼不如意的事情，也會立刻忘記的樂天派。即使感覺到寂寞、痛苦，只要睡一覺起來就忘了。

想到C的人

城府很深，是個很認真的人。不會捲入是非中，是會謹慎思考過後再行動的人。但有時思考過度反而會造成損失。

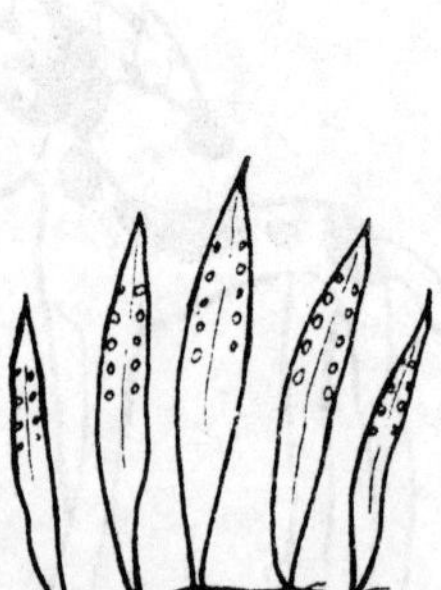

Part ❷

相合性、職業運

狗型人

第一章是敘述有關於人和動物之間的關連，你應該已經知道自己是屬於哪一種動物型了吧！第二章則針對每種動物型的相合性與職業運加以說明。

血統型狗人適合安定型的職業

在第一章已經說明過了，身為有識之士，當個社會人的血統型狗人，能夠活用自己的實力來開創人生的坦途。

●男性

喜歡傳統型的上班服裝以及素色、條紋的領帶等。在說話時，會仔細的看著對方的眼睛，表現出柔和的態度。身上所戴的手錶或是飾品，都是屬於平均化的男性飾品。

這類型的男性是屬於在組織中會孜孜不倦的努力，提升自己實力的類型。絕對不會做自己無法做到的工作。此外，他也能夠活用自己的才能或技術，在被賦予的工作中展現出自己的實力。

嚴守時間，絕對不會有浪費的行為出現。即使加班也適可而止，絕對不是那種會熬夜奮鬥的猛烈型人物。此外，除非有必要，否則也不會多和上司接觸，是屬於冷淡型的人。

能夠在被給予的工作範圍內俐落的實行，但是對於自己的行動總是踩煞車。不會做多餘的交往，會清楚的區分公事和私生活，不太會請部下到自己的家裡來。

適合的職業　銀行職員、一般公務員、外交官、教師、醫師、藥劑師、研究者、學者、調查員、程式設計員

●女性

具有積極性，多半是外表具有知性的人。如果髮型沒有設計得很好，就會覺得不沈著，臉型多半是屬於雞蛋臉。

做任何事都能夠發揮平均力量的女性，但是有時思考太過於認真了，必須注意自己是不是太過於慎重了。有了專業技術或是特殊的技能之後，就可以達到自己的理想。

這類型的女性非常樸實、率直，能夠巧妙的發揮自己的才能。多半都是智商高的

人，擁有專業知識與技術，請選擇能夠永久持續下去的職業，最好是婚後仍能在家庭裡做的工作。

不管是男性或是女性，在語言的使用方面都非常謹慎，絕對不會多說話。有關於工作上的說明，也多半讓對方看圖表或是報表，因此會讓對方感到安心，並贏得對方的好感。身為職業人，可以獲得公司以及客戶的信賴。

適合的職業 各種教師、會計師、營養師、醫師、電腦關係技術者、保母、諮商者

雜種型狗人適合活動性的職業

不服輸，只要有了既定的目標之後，就會燃起猛烈的鬥志。不管對自己或是他人都非常嚴格。對於實力、地位比自己高的人非常忠實，而且願意服從對方。

如果被這類型的人討厭，那麼就很難繼續工作下去。

●男性

就是以前所說的典型的蠻牛型，耐力非常強。如果能夠活用這種特性，在一項工作中進行鑽研，那麼就能夠達到成功。

話很少，也不太會逢迎巴結，不太擅長在人前表達，做的比說的還多。是靜不下來，富於變化的男性。熱心鑽研，有自己的思考方式，能夠在一般人沒有想到的領域裡，找到屬於自己的客戶。發展特殊的技術是理想。這類型的人如果要發揮自己原來的實力，可能要等到中年以後。

在家庭方面，是屬於好丈夫的類型。重視妻子與家庭。如果妻子很會做料理，那麼你更會展現在工作上的意欲。

適合的職業 與業務有關的工作、飛行員、運動選手、警官、警衛、檢察官、律師、法律顧問、觀光業

●女性

不管從哪一方面來說，都是屬於個性強、男性化的樂天派人物。不拘泥於時下的流行，與其在公司服務，還比較適合自由業。

想像力非常優越，一般人所沒有想到的，她都能夠想到，藉此來從事好的工作。不過，這類型的女性情況好的時候與不好的時候，差別非常極端。難得的構想可能因為當事者的能力不足，而使得整個構想破滅。此外，在付諸實行之前，太過於考慮到結果也

是缺點。

能夠掌握使自己個性、才能發揮的機會，是成功的第一要件。應該努力使自己的想法付諸行動。

適合的職業 設計師、打字員、插畫員、美容師、文筆業、烹飪研究家、作詞家

個性型狗人是領導志向的踏實派

如果選擇了與自己的才能或個性不相合的工作，那麼，他就會比一般人還焦躁，而且比一般人更容易煩惱。容易被人情、義理侷限住而陷於同情中，最後只有使自己吃虧，需要特別注意。

●男性

許多男性經營者會在內心深處期待自己「有地位」，這就是這類型的人。人情義理非常深厚，也很會照顧別人。當同事或是部屬調職或生病時，會非常關心，是深受上司與部屬喜愛的人。

坐下時，會採取噗通很大聲坐下去的方式，雙手環胸、雙腳張開，多半好像是從正

失物招領
秘書
吉娃娃黨
下次的行程
怎麼樣呢？

面瞪著對方的方式。能夠妥善處理人際關係，具有順應性。

當有人拜託事情時，總是無法說不，常常去幫助其他人。除了本行以外的工作也非常多，因此，有很多都是自然交往的朋友。在與人交往中產生構想，在工作上成功的可能性也非常高。

將自己的工作或是研究擺在第一位，因此不是屬於家庭的。

適合的職業　政治家、自營業、服務業、社會福利關係、觀光業、導遊、園藝關係（上班族）、總務關係、檢察官、林業、不動產關係

●女性

具有行動性，是以行動取勝的人，會瞭解周圍的人的心情，具有社交性。不適合事務性較踏實的工作，而比較適合與人接觸，活潑、富於行動的工作。工作運、金錢運也非常強，尤其是二十歲層的後半，掌握機會就能夠獲得大成功，是能夠兼顧婚姻與事業的女性。

此外，也能夠在與男性對等的領域中非常活躍，在工作方面展示自己的實力。

適合的職業　經營餐廳或服裝店、推銷員、秘書、通譯、導遊

貓型人

血統型貓人適合大眾傳播業

表面上看起來好像非常冷淡，但事實上是很親切、溫和的人。看似非常強勢，但事實上卻有非常纖細的神經。

當說出來的話非常強勢時，就表示想要掩飾自己的弱點。嘴巴經常垂下來，不太看得到笑臉。因此，不論男女都很容易被他人誤解而造成損失。

● **男性**

外型良好，具有自信，身高比普通人高，多半是白領階級，喜歡有部分像重要幹部或是上司的造型。

坐在椅子上時，習慣將兩腳張開。身上的飾品一定有一樣是舶來品或是比較醒目，有炫耀的傾向。如果一不小心，很容易造成別人的反感。

與人說話時，眼睛不太看著對方。畏懼地位比自己高的人，但是，對於自己的部屬卻非常嚴格。講電話時，因對方的不同，說話的方式也很極端。此外，不會和同事或部屬有相同的興趣。

容易引起他人的矚目，多半都會有引人注目的發言或行動。

個性善變，對於人的喜好表現也非常激烈。如果是和自己合得來的對象，就可以很順利的和他一起工作。如果是合不來的人，你就會受不了，無法湧現工作的意欲。

但是，因為你本來就非常體貼他人，也喜歡照顧他人，所以如果別人有事拜託你，你都無法拒絕對方。賺錢的路途不太順利，與其自己埋頭去做某件事情，倒不如多找幾位助手，使自己的力量得以延伸，這才是成功的關鍵。一定會找到與自己相合性佳的顧客或是部屬。

是個秘密主義者，不太會將真心展現在別人面前。雖然對人有體貼的心情，但是因為太過於在乎他人的眼光，因此無法很平順的表現出來。

有任性、為所欲為的一面，往往容易被人認為你性情乖僻，令人難以捉摸，但事實上，你的內心是很害怕孤寂的。

腳踏兩條船

上次真謝謝你！

你看起來好像非常富裕，但事實上，你在金錢上也有困擾的一面。你很在意你的服裝，總是會穿著高級品，而且會配戴個性化的飾品。

適合的職業　設計師、美術相關行業、會計事務方面的工作、與電視有關的大眾傳播媒體工作、品管服務員、文筆業者、各種演員、流行相關的工作、化學家、天文學家

●女性

多半是非常喜歡華麗，非常注重外型的人。非常注意坐在椅子上的姿態。在化妝方面也是屬於華麗型，會很仔細的畫眼影，經常會吸引他人的目光。

此外，有容易陷於慾求不滿的缺點。做任何事情都無法得到滿足，經常換工作。雖然瞭解踏實的工作非常重要，但是卻容易三心二意，做這行又想做那行。但是，你又過度的相信自己，覺得自己應該不會這樣子。

長處是具有社交性，多半都是屬於能夠在接待業、模特兒業、演藝業成功的類型。適合富於變化的職業，但是，因為個性是屬於較華麗的，因此容易浪費金錢，需要特別注意。

總之，應該好好活用自己的特性，追求安定的生活。

適合的職業　服務生、模特兒、司儀、大眾傳播相關工作、招待員、占卜師、電視演員、歌手

雜種型貓人是一決勝負的野心家

以自我為中心，不論男女，只要對方不是照自己所想的那樣，就會產生反抗的心理。但是，因為堅持理想以及意見，因此，即使遇到困難也不會改變想法。富有正義感，對於強烈的事物或是權威的反彈心旺盛。

這類型的貓人，一言以蔽之，就是個野心家。意志非常強，不會被失敗所打倒，做任何事情都能夠發揮非凡的能力，能夠受周圍的人所期待。

●男性

會表現出讓他人非常瞭解的表情，手會用力，容易流汗。總是深鎖眉頭，在說話時，手的動作很大。但是，不管從哪一方面來說，都帶給人不容易相處的印象，這是較為吃虧的地方。

非常容易迷惘，做任何事情都無法得到滿足。在工作或是金錢方面也有慾求不滿的

煩惱。如果家庭生活紊亂，也容易使工作產生障礙，需要特別注意。如果擁有哲學或是信仰，就能夠發揮意想不到的能力。但是，如果慾望太大或是理想太高，那就只是空談，是達不到的。

從自己能力所及的最低程度開始，擁有勇氣，養成協調性是成功的秘訣。雖然有大成功的可能性，卻和安定的家庭生活無緣。

此外，對於賭博性的生活很有興趣，與其孜孜不倦的踏實努力，得到成功，你寧可追求一決勝負。你可能從零開始到掌握大財富，但相反的，也可能大財富終歸於零。

你不會滿足於平凡的事物，你總是經常燃起意欲，想做出令周圍驚訝的事情。目標或理想非常高，如果認為自己比周圍的人劣等，就很容易焦躁，這也是你的缺點。

為了天下國家，你希望發揮自己的能力，希望能夠領導他人，成為一位領導者。你的野心非常雄厚，所以你自己也應該有所覺悟，你的敵人也會非常多。

不管怎麼說，你做任何事情都能夠發揮普通人所沒有的不可思議的能力。多半具有威力十足的性格。

適合的職業 社會運動家、自由業、青少年指導者、登山家、政治家、法律家、冒

險探險家、礦山技師、經營牧場、警衛

●女性

和男性一樣，擁有崇高的理想，是個個性豐富的人。缺點也和男性一樣，容易與周圍的人產生摩擦，因此而和對方一刀兩斷。但是，這類型的人最強的一點，就是具有吸引男性的魅力。在人際關係方面，好惡的表現非常清楚。會有很多戀人、男朋友。倒是應該特別注意容易引起女性的嫉妒心及反感。

十歲層、二十歲層有很多工作機會。

適合的職業　流行模特兒、畫家、帽子設計師、室內設計師、鋼琴教師、舞蹈老師、芭蕾舞者

個性型貓人容易三心二意

不論男女都一樣，說話時和不想說話時的差別非常明顯。有朝氣時與心情鬱悶時的表情，也能夠讓人一眼看出來。

只要稍微遇到一點不如意的事情，說起話來就無精打采、有氣無力的。相反的，如

果遇到開心的事情，言詞之間也會表現出興奮的心情，是感情起伏非常激烈的人。

●男性

是個體貼他人、喜歡照顧他人的男性。會有過度在意他人心情的傾向，洞察力敏銳，但有時也會引起誤會，是個感覺敏銳的人。

最近，很多男性會注重臉部的保養，然而這類型的男性卻不會在自己的臉上下工夫，在這方面是屬於不修邊幅型。

大致而言，不喜歡命令他人，但是，如果你不想命令你的部屬，那麼，你就要有「什麼事都自己做」的心理準備。

富有想像力，與其固定型式的生活方式，倒不如進行各式各樣的體驗來展開自己的機會。如果能夠得到好的前輩、指導者、協助者，可以說就掌握了成功的機會。金錢運也非常強，可能會在不知不覺中賺到大錢。

具有非常頑固、為所欲為的一面，有時會展現以自我為中心的態度，但事實上還是屬於體貼型的人。有時會太過於注重面子或是他人的目光，所以無法很率直的向女性或是周圍的人表現出自己體貼的心。

這類型的人並不適合團體的工作、需要自己負責任的工作，是屬於協助領導者的類型。直覺、靈感豐富，很多在占卜業成功的人，都是屬於這個類型。

適合的職業 占卜師、各種諮商師、導遊、駕駛、畫家、職業介紹、流通關係、宗教家、美容師、理容師、業務員

●女性

不管長處或短處，都和男性相似。不善於用言語來表現愛情，在他人面前反而會表現出冷淡的態度。此外，也有一點任性，凡事如果不依照自己的意思進行，就會不高興。工作也是一換再換，一項工作不會持續做三年以上。只要在職場上發生什麼不如意的事情，就會立刻喪失工作的意欲。

但是，反過來說，各式各樣的體驗可以充實自己的才能。另外，你並不是一個平凡的OL，自立門戶成功的可能性非常高。此外，特別值得一提的是，做任何事都具有賺大錢這種不可思議的運氣，在三十歲之前就能夠賺大錢。

適合的職業 企業家、通譯、速記者、廣播員、偵探、調查員、按摩師、海外旅行解說員

猴型人

猴型人大都是生氣蓬勃、具有才智的人。但另一方面，也容易因為自己的才智而自傲、自滿。這類型的人與兔子型或血統型狗人能夠相處得很順利。但是，與雜種型、個性型貓人、狗人合不來。

●男性

猴型人的特質在男性中表現得最多。要說在日本的歷史上可以比擬猴子的人物，那應該說是豐臣秀吉了。從一介農民到日本最高的實力者，擁有最高的權力。我們可以說他蘊含了能夠成為超一流的職業人的能力。

藝術方面的才能非常優越，多半都能夠發揮天才的能力。但是，也有很多人都止於空想而已，思考方式也容易流於抽象。

豐臣秀吉可以說是一個天才，如果他能夠有比較踏實的行動，或是能夠與其他人和睦相處，那麼，他的長處就應該更能夠發揮出來。

換言之，應該儘可能從現實的觀點去思考事物，努力處理各種事物，這樣才能度過創造性的人生。

適合的職業　飛行員、銷售員、公司職員、藥品推銷員等需要行動力的職業

●女性

妳是個會以細密的心思來從事工作的人，就像第一章中所敘述過的，妳是個知性、具有能力的女性。但同時因為是內向的，所以不適合從事女性管理職、綜合職這種較醒目的工作。

有時會因為男性的邋遢工作而生氣，但是，妳又不能夠說出口來警告他，因此而感到煩惱。

另外，在同性之間也是一樣，容易引起慾求不滿的血統型貓人女性的反感，特別要注意這點。

猴型的女性最能夠發揮實力的工作，就是在背後輔佐有能力的人經營大事業，使得業績蒸蒸日上。例如，妳就很適合秘書的工作。

★松鼠型人

松鼠很可愛，也是很受人疼愛的小動物。但是，不知道這是不是小動物的特性，非常敏感，對敵人有萬全的戒備心。

松鼠型人的特徵可以用冷酷、俐落來形容。不管男女，都很在意周圍的眼光，會在細心注意的狀況下進展各種事物。因此，與自我意識強的獅子型以及類似型的血統型貓人合不來。前者會被當成牛耳，後者則是會產生近親憎惡的感情。

●男性

具有理性的頭腦，適合俐落的、知性的職業。如果你認為「哪有這回事」，那麼就一定是你誤會了，或是你並沒有活用你本身踏實的努力。與學校成績的好壞完全沒有關係，你應該努力去發現自己的本質。

例如，發明大王愛迪生，他在學校是個留級生；而發明相對論的愛因斯坦，他在學校的數理成績也是不及格的。

適合的職業 醫生、教師、藥劑師、科學家、企業家

●女性

松鼠型的女性富有優越的想像力，對於美的感覺非常豐富。任性而又歇斯底里的妳，不適合在一般的企業工作，適合自立門戶的工作。

工作伙伴也是與安定性格的血統型狗人以及具有包容力的兔子型合得來，但是絕對要避免野豬型的女性。

在精神方面能夠表示出理解的獅子型女性，或是心情不易動搖的熊型女性，能夠成為瞭解妳的人。

適合的職業 設計師或是藝術設計家等

✡兔子型人

兔子型人不論男女，都是溫和、纖細的類型。外表看起來是內向的，但事實上在內心深處卻是容易孤寂的。如果不處在人多的地方，自己就穩定不下來，因此，容易被強者所利用。在職場中，如果老闆的性格是屬於強烈個性型的狗人男性，你就很容易被利用，之後你又會引起同事們的反彈。

●男性

兔子型的男性從二十歲左右開始，就會發揮了不起的才能。興趣會成為你真正的職業，從打工開始一直到畢業之後，成為職業的例子也不少。

你會腳踏實地、孜孜不倦的努力，所以被一般企業或是公家機關視為重寶。經常可以發現公務人員、銀行職員、公司職員都是這類型的人，尤其能夠在一流的公司中發揮實力。

此外，也具有順應性，所以也是個家庭的好爸爸。

適合的職業　銀行職員、公務員、一般上班族

●女性

內心溫和、感覺敏銳，適合當護士、醫師、教師等職業。但是，妳自己喜歡的工作才是最適合的職業。換言之，刻苦型的人一定要重視自己的意志，不要被他人所迷惑，這一點非常重要。

孜孜不倦的
努力努力
努力

★野豬型人

野豬給人的感覺不太好，所以容易被人討厭，因此比較吃虧。

在職場上也是常常被別人說「真不想再看到那個傢伙」的類型，因此，在職場中如果不特別注意，很可能會踢到鐵板。

●**男性**

對於工作的興趣比結婚還高，是個會到處測試自己實力的行動派。會遵守約會的時間，在工作上的交往也非常圓滑，因此，一般而言容易晚婚。

適合活潑、活動的工作，與人接觸機會多的工作，也很適合富有刺激性的職業。此外，巧妙的與人接觸能夠發揮自己的才能。

適合的職業　各種推銷員、經營者、警官、醫師等

●**女性**

女性進出職場好像沒有人能夠控制得了妳，妳本人好像也注意到這件事情了，因

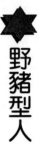

此，會責罵同事或部屬。相反的，妳很討厭被他人命令或是指揮，妳充滿鬥志，想要推展各種計畫。因為很容易引起周圍人的反彈，所以原本是屬於野豬型女性長處的開朗、率直，有時也會被視為是惡意。

但是，妳具備了領導者的素質，只要自己能夠充分意識到這種特徵，並且克制自己的強度，則不管在何種職業的領域中都可以成功。

獅子型人

獅子型的男性與女性的性質有差異。要說他們共通的部分大概就是風格吧！可以讓人家感受到成為人的固定尺度大小。

●男性

一言以蔽之，是屬於領導型的人。多半都是擁有獨立自尊氣概的人，能夠發揮如狼一般的能力。

也包含社長、藝術家在內，如果從事個人方面的工作，對於獅子型的你有正面影響。這些人的周圍不會欠缺輔助者，與兔子型、熊型、老鷹型的女性相合性佳。

此外，有識之士、具有社會性、正義感超群的血統狗型男性，以及腳踏實地、非常誠實的兔子型男性，也很值得信賴。

不善於與人交往，所以，培養看他人的眼光來活用自己的工作非常重要。

適合的職業　演員、各種設計師、藝術家、商店經營者等

●女性

獅子型的女性，多半對於人有很深刻的探究心。此外，很討厭自己受到注目，因此適合腳踏實地的工作，而這種富有人性的人，容易博得周圍的人，尤其是社會上弱者的信賴。

這類型的人，適合有關社會福利、看護、律師等需要瞭解他人，對他人付出愛心的工作。此外，自己本身也可以在這一類的工作上，感覺到生命的意義，會努力的奉獻自己。

不過，要特別注意不要太過於在乎他人的眼光，而這個也想做、那個也想做，應該專心努力的從事一項工作。如此一來，一定能夠完成對社會上有用的工作。

適合的職業　律師、醫療相關工作、義工職業等

熊型人

熊型人，多半給予他人厚重的印象，大都是屬於第二代的經營者。不論男女，都能夠博得眾人的厚望，在企業、公家等組織中，或是地區社會中，也很被重視，是屬於非常珍貴的存在。

●男性

是屬於大器晚成型，不會有大的失敗，絕對不會有脫軌這種錯誤的情況發生。在工作方面也是腳踏實地的進行，因為非常誠實，所以可以博得客戶的信任。基本上是屬於立身成功主義者，並不會有很猛烈的動作，具有不要讓他人透視自己內心的聰明處。而立身成功主義也就因為不被他人看見，所以有正面的益處。

這類型的男性，與有許多相同之處的血統型狗人男性合得來。

而與血統型貓人男性合不來。你看不起總是引人矚目、性格多變的貓型男性。此外，你也很輕視屬於總是慾求不滿的野豬人男性。

責任感很強，能夠踏實的工作，所以能夠博得上司的信賴，會在不知不覺中就晉陞到公司的頂尖地位。適合事務性方面的工作。

適合的職業 工程師、銷售員、銀行、金融相關工作

●女性

熊型女性也能夠博得他人的厚愛，具有冷靜的判斷能力，也能夠在領導他人方面發揮自己的才能，因此，適合危機管理等的工作。

因為是屬於沈靜的性格，所以很討厭野豬型的女性。但是卻不會表現出來，因此雖然妳很討厭她，她還是很信賴妳。

適合的職業 議員、地區活動家、義工相關工作

烏鴉型人

烏鴉型的男性和女性完全不同，職業的相合性當然也不同。男性是屬於工作類型的人，能夠踏實、邁向成功，屬於安定型的人。但是女性則對職場敬而遠之，甚至不瞭解職場。他們的共通點是工作時都非常認真，是屬於實力派。

●男性

具有毫無缺點的人格，也具有充分的社交性，因此，能夠博得他人的信賴。不適合像一般上班族一樣，被侷限在既定的框框裡工作。具有獨立運強的運勢。

因為在工作方面非常有能力，所以對於那些做事草率的人非常厭惡，會被血統型貓人、雜種型狗人敬而遠之，或是引起他們的反彈。

做任何事情都具有責任感，一旦遇到喜歡的人，就會排除萬難的去追求。

此外，對於金錢的感覺也非常優秀，能夠自己創業，並達到成功。

適合像酒吧、餐廳這種服務業，你擅長這種與人接觸的工作。除了服務業之外，在

連載『烏鴉的美味咖啡之旅』烏鴉咖啡是屬於五星級的。所用的咖啡豆是……

推銷業、商業關係的工作方面，也能夠獲得成功。

●女性

適合的職業　餐廳、飯店相關的服務業、不動產業、觀光業等

很容易給人非世俗的烏鴉型女性，不會只侷限在一項工作中，會不斷的掌握機會、面對挑戰。

這也就代表了妳的特質。烏鴉型的女性會依照自己步調來做事情，因此，會很討厭依賴他人的兔子型女性。

此外，如果和獅子型、熊型、老鷹型的女性交往，也會變成好朋友。但是烏鴉型女性是絕對不會和她們接近的，因為對她們的沈靜與踏實的風情敬而遠之。

大眾傳播、旅行相關的工作富於變化，烏鴉型的女性會因此而感到快樂。

★老鷹型人

在傑出人物中，經常會看到這種老鷹型人。尤其是男性這種傾向更強。不只是上班族而已，一般的工作也會出現很多有名的人。

●男性

老鷹型的特色之一就是不斷的換工作，而在換工作中獲得了成功。這在西歐社會中是非常普通的事情，但是在以終身雇用制度為主流的日本公司而言，卻是非常罕見的。從某種意義上來看，這稱得上是二十一世紀型的職業人。

老鷹型的男性在三十歲之前的職業，與在三十歲之後的職業會有一八〇度的大轉變。公司職員、各種薪水階級、工程師等，不管做什麼事情都能夠發揮某種程度的能力。

●女性

老鷹型的女性理性、踏實，適合從事會帶給人信賴感的工作。在能夠給予許多人忠告的諮商業應該可以獲得成功。如果依照計畫在一個框框裡工作，那麼妳的行動就會變得遲鈍。

適合的職業　諮商師、顧問、評論家、精神治療師以及醫治者（利用宗教為人治病的人）等

Part ❸

相合性、愛情運

動物的喜好與人的愛情關係

電腦無法檢查出愛情、相合性

再也沒有什麼人際關係比男女之間的人際關係更複雜的了。即使是一見鍾情的對象，在經過幾次約會之後，也許對方的優點，現在看起來卻變成了缺點。

美國的心理學家格爾夫，曾讓電腦記憶在性格、職業、家庭環境等各方面的相合性完全一致的佳偶，並且依照電腦選出新郎或新娘，同時介紹符合對方一切條件的男女見面。

然而，從電腦所找出的性格、職業等結婚條件完全一致的男女，意外的，卻有許多人不喜歡對方。換言之，只依靠合理的判斷並無法產生愛情。這不就是正證明人類的愛情以及相合性是多麼不可思議的最佳證據。

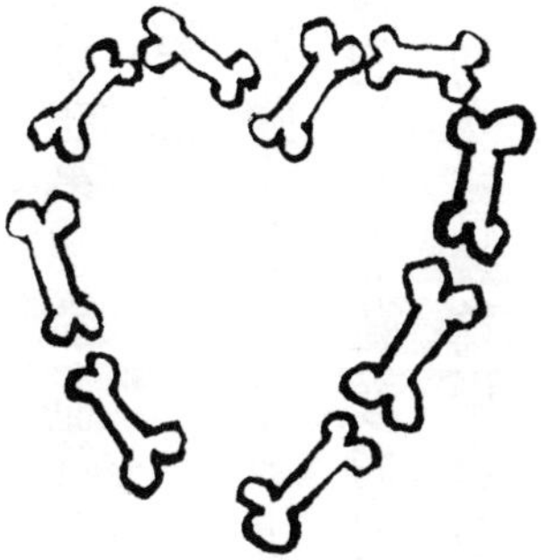

狗型人

血統型狗人獨佔慾強

將理想擺在第一位的血統型狗人，很討厭太過於平凡的愛情。非常重視外表，通常都會擁有高級品。

自尊心很強，不會自己去主動喜歡對方、追求對方，但是，一旦喜歡對方之後，就會出現大膽的行動。非得要將自己喜歡的人佔為己有不可，獨佔慾比別人強一倍。

血統型狗人一旦愛情出現紛爭時，最後會完全的被捲入對方的步調中。一般而言，血統型狗人的愛情從開始到燃燒，需要花費很多時間，但是有越燃燒越投入的傾向。

憧憬戀愛結婚更甚於相親結婚，對於對方的條件，依照自己的喜好而有很大的差別，這也是一大特徵。對於並非自己理想的對象，即使對方非常熱情，自己也不會表現出善意。

尤其是血統型狗人的女性，有固執的一面，絕對不會委屈自己配合對方的步調，向對方妥協。

即使是男性，也是屬於自信家，非常高傲，不會主動向女性示好。遇到自己喜歡的女性，反而會表現出冷淡的態度，最後只好讓這個女性投入他人的懷抱，往往到時候才後悔。不過，如果血統型的男性相親，通常都會找到很好的女性伴侶，是屬於幸運型。與其自己尋尋覓覓，倒不如相親更能夠遇到適合自己的對象。此外，這也是名門家庭追求的女婿理想型。

血統型狗人非常重視氣氛。自己喜歡的類型和不喜歡的類型表現得非常明顯。只要是不合自己的心意，事情就無法順利的進展。男女之間很難開始，但是一旦有了頭緒之後，就會變成非常親密的人。

如果想要贏得這類型的人的好感，就必須要瞭解對方的興趣，或是請這個人信賴的人來介紹，比較有幫助。

另外，即使初次見面並不怎麼高興，也不要灰心，交往的次數越多越能博得對方的好感，不久之後就會發展為愛情。

與血統型狗人相合性不佳的是血統型貓人，聰明、具有個性魅力的人。但是有時血統型狗人的男性會對血統型貓型的女性一見鍾情，這很危險。但是，血統型狗型的男性和典雅、理智的血統型貓型的女性相合性非常不好。

俊男美女的組合會讓周圍的人覺得非常適合，但事實上，性格合不來的地方非常多。因為雙方都會認為自己是異性的偶像，具有不可思議的魅力，因此，彼此之間都會有優越的意識以及自尊心，這種意識如果出現在表面，雙方就會相處得不好。男性是血統型狗人，女性是血統型貓人的組合是最糟糕的狀況。如果是情侶，那麼分離就只是早晚的問題而已，如果是夫妻，離婚率就會非常高。

此外，血統型狗人也會被意外的類型異性所吸引。舉個例子來說，外表粗壯，感覺明朗的個性型狗人和血統型狗人的相合性就非常高。越是交往越合得來，血統型狗人越會感受到個性型狗人的魅力。

結婚之後兩人一起工作，男性的實力能夠得到伸展，就是因為和這種個性型狗人的異性結合的關係。這種組合一定能夠過著家庭幸福美滿的夫妻生活。

受美女喜歡的雜種型狗人

雜種型狗人是和任何人都能夠交往的人，尤其是女性的順應力非常強。狗人和貓人不一樣，總是能夠讓自己配合對方的步調，即使對方有點無理，自己仍然會配合對方，這就是雜種型狗人特有的順應能力。

意外的，雜種型狗人在交際方面也是屬於高手。只要進行型式上的交往，應該發揮自己的個性，有時自己可以積極主動的約對方，這種交往顯得更簡單。在出外旅行或是宴會中，可以配合氣氛開始交往。

雜種型狗人的女性是屬於賢妻良母型的典範。雖說是賢妻良母，但也不是勞苦型，夫妻之間就好像戀人一樣，不失新鮮度。能夠保有女性獨特的魅力。很多國內女性都是屬於這種雜種型狗人。

不過，不要讓自己埋沒在婚姻中，要盡量擁有自己的時間和空間，讓自己多一些餘裕，否則只會被世界、家庭所淘汰。盡量多和其他人交往，擴展自己的興趣，可以使這類型的人發揮獨特的魅力。

男性在自己喜歡的女性面前，就會顯得手足無措，情緒也始終安定不下來，很不會進行愛的表現。但是，如果喜歡的話，不妨很率直的表現出自己真正的心意。有時可能會太強迫對方，而讓對方討厭你，但是你也不要灰心。

然而，一旦你喜歡的女性成為你的掌中物後，你就是主人了。你會冷落妻子，甚至追求刺激的偷情行為，往往會從同情發展為愛情。

雖然外表並不是那麼英俊，但是卻很受女性喜愛，人緣很好，愛情運、結婚運也很好，與血統型貓人相合性佳。

「那個男人看起來不怎麼樣，怎麼會和那麼漂亮的女人結婚呢？」這種人往往是屬於雜種型狗人的男性，他就是具有吸引血統型貓人美女的運氣。

個性型狗人是相親派

個性型狗人不太在乎異性對方的想法，愛情的表現是以自我為中心，關於這一點，非常令人困擾。

此外，也喜歡秘密，喜歡不見天日、委屈的愛情。

代表個性型狗人的狗的典型是虎頭狗，這是象徵英國的狗，非常受英國人的喜愛，原產地在英國。

虎頭狗型的個性型狗人，尤其是男性，結婚運不太好。這是因為這種個性型狗人的自我表現慾太強的關係，覺得男性的威風才是最高的美德，討厭跪在女性面前。

會一股腦兒的投入工作，為了讓自己在公司、集團中有好的表現，絕對不會將自己多餘的能量給女性。即使自己喜歡的女性出現在面前，也不會將愛意表現於外，只會遠遠的與之交往。在日常生活中絕對不會讓別人聽見自己說輕浮的話，但是在背地裡，卻會偷偷的和自己喜歡的女性交往。這也是社會上許多成功男性的特徵。

個性型狗人的女性和男性有些不同。這類型的女性非常開放，喜歡照顧別人。往往會因為同情年紀比自己輕的男性，進而發展為愛情。從友情發展為愛情的例子不少。頭腦冷靜，身為女性具有指導力，對於社會也有犧牲的精神，能夠活躍於公益界。

不過，個性型狗人本來就是屬於腳踏實地，不太醒目的類型，因此，相親結婚比較能夠掌握幸福。

是踏實的努力家，內心非常溫和，女性一旦結婚之後，就會當一個平凡的家庭主婦，靜靜的在家裡築起幸福的家庭，照顧丈夫、孩子，絕對不會和紅杏出牆這種字眼聯想在一起。因此，和這種類型的女性結婚，根本不必怕被戴綠帽子。

貓型人

血統型貓人令人想靠近

不論男女，都會帶給人想要靠近的印象的，就是血統型貓人。能夠充分發揮自己的感覺，在裝扮方面會追逐流行，對於人的好惡表現得非常清楚。討厭平凡的婚姻，追求戲劇性的刺激愛情。

這類型的男性乍看之下，帶給人非常冷酷的印象。很少說話，對於愛情的表示全部都是用眼神來傳達。如果被這個眼神盯上，那麼大概所有的女性都會被他吸引，之後才會想當初為什麼會為這個人付出一切，覺得真不可思議。很會帶領女性的就是這種血統型貓人的男性。

具有所謂花花公子的素質，不斷的更換女伴，最後沒有一位女性留在他的內心深處，但是他並不會將這件事情想得太嚴重，並會持續男女之間的交往。不過，他很清楚自己喜歡的女性類型，例如「天蠍座」或是「雙魚座」的女性最具有魅力。此外，初次見面就燃起熱情的速度很快，但是如果雙方不來電，要說再見的速度也很快，這是最大的特徵。結婚之後不會被家庭綁住，會投入自己的工作和興趣中。

血統型貓人的女性具有個性的魅力，希望成為他人的偶像，希望獲得周圍人的注目，希望周圍的人都稱讚自己。因此，絕對不會把心許給無聊的男性。

總是憧憬著最優秀、第一名的男性，她的內心不會被男性的將來所吸引，而會被現在的力量所吸引。

此外，不管是在約會或是選擇男性時，都會想想自己和這位男性手牽手走在路旁的影像。如果是那些和他交往並不會吸引周圍的目光的男性，絕對不會答應和他約會，而且她對於這些男性根本不會動心。

這類型人的特徵就是個性強，具有小魔女般的魅力。周圍的男性也都會為她不停的婆娑起舞。此外，她的自尊心也非常強，在理想的男性出現之前，是絕對不會妥協的，也許是屬於晚婚的人。

婚後是屬於女性上位的家庭類型，對於丈夫的慾求非常大，超越一般人，而且會有和男性一樣的行動力與冒險心。

這類型的魅力就是遇到討厭的事情就會很清楚的說出自己討厭的自我主張。與其與眾多人接觸，倒不如只和自己喜歡的人、能夠接受自己意見、想法的人保持親密的關係，更能夠引發自己的魅力，不需要太在意周圍的眼光。

雜種型貓人的愛情是單相思

雜種型貓人的共通點就是在年輕時都會有一次的失戀經驗，並且會為男女的單相思所苦。失戀這個刺激對人生也許是一種鼓勵，但是相反的，也許會因此對異性產生不信任感。尤其是三十歲左右失戀，對當事人而言，是最不堪的回憶。不過，這類型的人會因為失戀而對工作燃起慾望，因此而打敗對手成功的例子不少。此外，對於自己的臉型或外型有種自卑感，對於俊男美女則打從心底有一種反感。

這類型的男性喜歡諷刺，看見自己喜歡的人會表現出討厭的樣子，會對女性做出一些令人討厭的動作來代表喜歡。到了中年，會在女性面前說一些黃色笑話。在這個時代也許會有女性提出反抗，說這是性騷擾，但是你卻一點也不在意。

當然，你這樣子一定會被討厭的，但是，你的內心深處卻和你的外表完全不同，如果是為了自己喜歡的女性，你甚至可以為她賣命。

尤其是如果你被美女所愛，那麼你就會為她犧牲一切。你會有意想不到的羅曼蒂克。這類型人的愛情容易像戲劇一般，甚至會有兩人一起殉情的想法。不過，平常是很會諷刺的人，並且不會將甜言蜜語掛在嘴邊的人。

這類型的女性非常堅強、有耐性，絕對不會主動追求對方，甚至很討厭被男性碰觸。討厭跳舞，對於性有不潔的感覺。如果初夜丈夫引導得不好，甚至會對丈夫產生反抗心，往後的性生活就會進展得不順利。結婚不到一個月就跑回娘家的女性中，經常可以發現這類型的人。

這類型的女性總是表現得非常堅強、成熟，進入家庭後，也是個能夠瞭解丈夫工作的賢妻良母，因此，會被稱讚是賢淑的妻子。

是踏實的努力家，對於自己非常嚴格，做事絕對不會半途而廢，凡事要求十全十美，絕對不會背叛他人，也重視與他人之間的交往。如果當上家長委員，就會不辭勞苦的為學校服務，但也因為這個原因，有時丈夫也會感到壓力。因為要當個賢妻良母、賢淑的夫人，結果反而會將自己壓得喘不過氣來。

這類型特別需要注意的一點是，即使自己非常努力的想使家庭生活新鮮化、充滿變化，但是也應該要不失女性可愛的一面。妳大概是屬於為社會盡心、犧牲服務的工作，就可以感受到人生的意義的人。

為男性付出的個性型貓人女性

個性型貓人的女性，是最會為男性犧牲奉獻愛情的類型。母性的愛情非常高昂，愛情的表現可以說是「寵愛貓」的典型，這就是個性型貓人。

另一方面，一旦被自己完全付出的男性背叛，就會燃起復仇的心理。國內女性大都是屬於這類型。不論付出或是憎恨時，都是全心全力的投入，因此，與在性方面表現非常鬆散的個性型貓人男性合不來。

雖然外型與臉蛋都稱不上是美女，但是卻具有獲得許多男性愛的特質。約會時，自己也很少遲到。

在性愛方面，當屬女性中最大膽的。精力旺盛、具有持久力，只要一上了床就好像變了一個人似的，能夠享受性的快樂。

多半是屬於多產型，根據印度古代的女性鑑別法，可說是娶妻的理想型。因為一定是多子多孫，而且對於男性而言，不管是性方面或是家庭方面，都是能夠得到最大滿足的女性類型。

男性的個性型貓人和具有潔癖特性的個性型貓人女性正好相反。說穿了，就是屬於開放型，但是，在異性關係方面則和外觀不太一樣，有鬆散的一面，也有沈溺其中的一面。

即使結婚之後也不安於家庭的類型。此外，對於女性而言，總是不能夠憎恨的對象，想要發揮女性母性的本能來保護你。

在女性被騙婚的案例中，會發現大都是選擇這種個性型貓人的男性。不過，這種個性型貓人的男性精力非常旺盛，能夠使女性得到最大的滿足。

這類型的男性無法忍受不充實的性生活，女性看到這類型的男性很自然的就會被吸引，越是男性經歷豐富的女性，越容易對這種個性型貓型的男性一見鍾情。

我們好像很合得來！

過去的失敗，使得自己離戀情越來越遠……

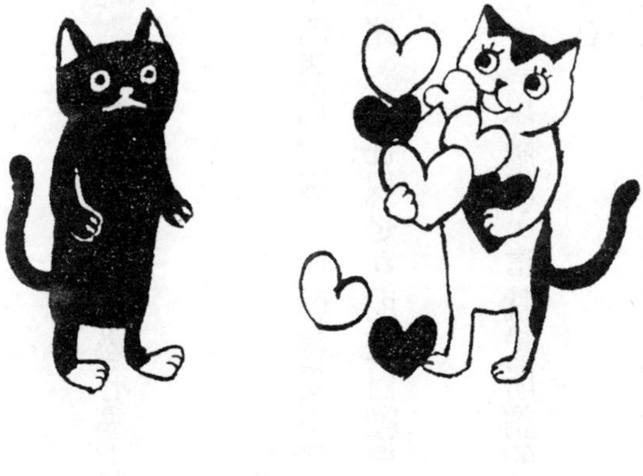

猴型人

猴型人的愛情型式，基本是以自我為中心主義者，絕對不會忘了自己而盡心盡力的為對方服務。

●男性

猴型男性的特徵就是嫉妒心非常重，自己的戀人看別的男性一眼，你就會受不了，但是女朋友還不知道你為什麼會不高興，實在是摸不著頭緒。往往只是女朋友自顧自的在一旁說話，而男性卻不答腔，默默的待在一旁。

這多半都是因為在母親的愛情呵護之下長大的緣故。一言以蔽之，這就是所謂的戀母情結，因為這個原因，對自己的另一半就會有強烈的愛意。

這類型的人說麻煩是真的很麻煩，但是成為戀人或是丈夫卻很容易駕馭。溫柔而又最討厭爭論的兔子型女性，能夠體貼這種猴型男性的內心，但是，這類型的女性很容易受傷害，最後大概也是破鏡收場。因此，真正適合的對象應該是能夠有冷靜愛情的態型，或是不會被感情隨波逐流的老鷹型女性。

●女性

猴型女性看起來非常溫柔婉約，但事實上內心非常堅強，因此，與三心二意的猴型男性合不來。此外，猴型女性非常重視自己，如果對方與自己合不來，就會馬上逃離。

但是，不論男女，結婚之後通常都會過著沒有波濤的和平家庭生活。

松鼠型人

松鼠型人是冷淡、淡泊的人，與熱烈的愛無緣。在婚姻方面也多半依靠相親，而且在這方面都能夠很平順。

●男性

男性多半對工作非常投入，因此通常多為晚婚。多半的人都有乾脆的性格，不會有所謂「迷戀對方」的情形出現，而且覺得這是不可思議的事情，因此，大部分都是相親結婚來組成一個家庭。

結婚的對象大都是挑選相同職業以及知識水準的人，而且能夠過著幸福的婚姻生活。松鼠型的男性大都會和學生時代的朋友結婚。

雖然說對於愛情非常淡泊，但也並不是說這種人就沒有魅力。因此，想要和松鼠型男性結婚的女性，就必須要積極一點了。

松鼠型男性屬於浪漫主義者，能夠為男性盡心盡力的個性型貓人女性，相合性非常高。

此外，對於任何事情都採取積極姿態的野豬型女性，能夠引導松鼠型男性走向紅毯的那一端。

●女性

總是黏著人，害怕寂寞的松鼠型女性，追求的是能夠真正瞭解自己的男性。有時會歇斯底里、三心二意，所以和猴型男性合不來。

維持平衡的血統型狗人男性是最佳的選擇。如果與對異性非常鬆散的個性型貓人男性捲入愛情關係中，那就非常糟糕了。

纖細、內向的兔子型人的愛情，是屬於沈靜、穩重的。往往在周圍的人全然不知的情況下，突然通知大家自己要結婚了。

兔子型人

●男性

兔子型的男性神經質且內向，整個生活是屬於樸質型，在工作方面也是屬於孜孜不倦類型。約會時不喜歡華麗的場所。覺得冒險或是過分刺激好像是另一個世界的事情，所以絕對不會有出軌或是和其他男性的戀人交往的情況。

但是相反的，即使遇到自己喜歡的女性，也不會表示什麼意思，並且無法將自己的心意表達給對方知道。因此，常常嚐到失戀的苦果。

●女性

喜歡撒嬌、害怕寂寞的兔子型女性，總是追求愛情的對象，而且希望被溫柔的愛情包圍住。這類型的人渴望被愛更勝於愛人，因此不會主動積極的和男性說話。如果是兔子型的男女之間談戀愛，那麼周圍的人就很傷腦筋了。從約會到結婚恐怕要花好一番工夫。這類型的人與血統型狗人的男性比較合得來。

個性開朗，具有行動力的雜種型貓人男性很積極，能夠領導畏首畏尾的兔子型女性。可以用甜言蜜語來引誘她，而且兔子型女性很容易被這類型的男性所吸引。但是，如果幸運的能夠踏上紅毯的那一端的還好，如果不斷的偷情，在外面風流的話，那就很傷腦筋了。

但是，有許多人都會對於樸質、女性化的兔子型女性懷有好感，所以只要對方不出什麼差錯，結婚之後都能夠過著幸福、平靜的生活。

◈野豬型人

野豬型人的愛情型式，男女稍有不同。

●男性

野豬型的男性對於現實的事物不太關心，熱愛藝術，幻想自己成為小說或是電影中的主角，是屬於幻想型。

自己也會編一段羅曼蒂克的故事，和某位非常美麗的女性熱戀，然後還會自己下一個完結篇。

他會幻想自己的另一半是某位女演員，像這樣不斷的幻想，因此，理想的女性像非常高。但是，現實當然是不一樣的，所以不太能夠交到女朋友。

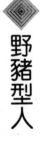

更令人傷腦筋的是，這類型的男性憧憬較年長的女性，但是在這種情況之下，愛情是無法成立的。因為對方多半是別人的妻子。

但是，本人卻一點也不在意，會幻想著像法國電影的主角一般，因此，離安定的婚姻生活就越來越遠了。

因此，野豬型的男性必須要自我警惕，過著踏實的婚姻生活比什麼都重要。

如果能夠遇到纖細、女性化的兔子型女性，或是能夠一起享受浪漫氣氛的貓型女性，那就是值得恭禧的一件事情。

●女性

個性男性化的野豬型女性非常開朗，戀愛也多半能夠成功。

但是因為個性不服輸，而且很喜歡擺架勢，甚至在談戀愛時也還有這種習慣，所以有時會讓男性反彈是不是太過分了。而且，也有三心二意的缺點，即使在談戀愛中，也會將目光轉移到別的男性身上。

婚後無法忍受單調的婚姻生活，必須要注意不要偷情。

獅子型人

獅子型的男性與女性的愛情型式也不同，當然，他們也有共通的性格。大體上而言，男性是屬於「陽」，女性是屬於「陰」。

●男性

獅子型的男性個性非常強，對女性而言，是比較難相處的對象。因為非常英勇，所以和纖細的兔子型或是冷酷，或對於愛情關係非常冷淡的烏鴉型女性，絕對不相合。

在婚姻生活方面，對於自己的對象也有很大的期待，但往往因為如此而造成雙方離異。與自己也有工作，從事與服務業有關的工作的女性，相合性佳。就色彩的印象而言，與喜歡茶色、粉紅色服裝的人較合得來。

此外，獅子型的男性也很容易被比自己年長的女性所吸引。

●女性

獅子型的女性與男性是相對的，是屬於沈靜、謹慎的人。與野豬型女性有自我主張的方式不同，她期待著能夠瞭解自己精神的男性出現。

但是，在談戀愛時如果太過於謹慎，就會有負面的影響了，因為這樣往往會造成對方的誤解，因為男性會覺得這個女性和自己不合。

在婚姻生活方面，是屬於賢妻良母的典型，但是偶爾也要向丈夫撒撒嬌，或是和丈夫一起到歡樂場所去，盡情的狂歡。

與優秀的老鷹型、個性乾脆的松鼠型、踏實的血統型狗人男性，都可以組成安定幸福的家庭。

明天的便當
幫我帶
長毛象的肉

那是不可能的

熊型人

熊型人也就是所謂的「好人」。不論男女都有受人歡迎的美德。在愛情方面，男女稍有不同，基本上都能夠過著安定的家庭生活。

●男性

熊型男性在戀愛方面非常不擅長，很容易害羞，即使遇到自己很喜歡的人，也無法表明心意。與若無其事，什麼話都說出來的個性型貓人男性完全不一樣，因為表現力不足，所以會吃虧。

不過，結婚之後會有一點大男人主義，有為所欲為的一面。但相反的，對小孩子非常疼愛，也非常重視家庭，所以當丈夫是沒問題的。

●女性

非常體貼他人，是熊型女性的特徵。對於自己的另一半，會奉獻忠實且絕對不會變化的愛情。

不只是戀愛而已，還重視朋友、雙親以及兄弟，即使結婚之後，也會非常疼愛孩子，會投注非常深的愛情。因此，熊型女性的周圍會聚集許多充滿友情的人。

不過，這類型的女性佔有慾強是最大的缺點，恐怕會讓戀人或是結婚以後的丈夫、孩子感到非常厭煩。

烏鴉型人

烏鴉型男女的愛情是相對的型式，大體而言，男性是平均的，女性則是非常獨特。有些人則是終其一身都是單身。

●男性

一般而言，是屬於戀愛結婚型。具有行動力，只要遇到喜歡的女性，就會毫不猶豫的向她求愛，而且成功的機率非常高。

婚後也會成為模範丈夫。

●女性

根據伊索寓言的故事，烏鴉是太陽神阿波羅的特使，被稱為是聖鳥。烏鴉型的人，尤其是女性有一種神秘的氣氛，也許就是因為這個關係吧！

如果能夠遇到真正瞭解自己魅力所在的男性，就會立刻像小說或是電影一樣，發展為熱戀的可能性，比其他型的女性來得高。

老鷹型人

老鷹型人的格調非常高，非常謹慎是特徵。在戀愛方面，男女也有相當的不同，男性方面比較有問題。

●男性

老鷹型男性的戀愛是屬於熱情型，只要喜歡對方，就會徹底的投入自己的愛意，尤其容易被年長的女性所吸引，而談一場轟轟烈烈的戀愛。

是屬於優秀的秀才類型，在愛情方面就像文字所說的「戀愛是出乎意料的事情」，因此，很多人都會投身談一場轟轟烈烈的戀愛，故都會沈浸在不依照常理的迂迴曲折的愛情中。基本上是屬於很認真的優秀型人物，因此即使遇到挫折也不會灰心。

老鷹型的男性很可能因為脫軌的愛情而葬送了大好的前程，就像是大眾傳播媒體中經常會報導的，社會菁英份子在愛情方面產生了醜聞，大都會發生在這類型的男性身上。

此外，即使婚後也必須要特別注意，不要因為自己的花心而導致婚姻破裂。

●女性

老鷹型的女性大都是優雅、理性的女性，在戀愛方面不會有大的失敗。雖然談不上是戀愛白癡，但是也不會自己積極的投注愛情。在二十多歲也能夠得到好姻緣。是被重視的「小姐」類型。

小插曲
個別的最近的未來

超越不確實性的時代

以上就是全部的測驗與分析，你也許已經感覺到，動物與人之間的關係竟然是如此的密切。

每一個人的內心大概都有喜歡的動物，以及自己感覺親切的動物，並且會將自己的理想姿態託付在動物身上。只要不是太過於刻板的人，當被問到：

「如果你變成動物，你希望變成哪一種動物呢？」時，都能夠回答出來（當然，任何類型都有例外，也許有人會生氣吧）。

就像前言所述，這本書是以更嚴密的眼光來看待動物與人之間的關係。測驗的問題也是儘可能的選一些簡單的問題。

最後，我們將說明每一種動物最近的未來，而最近的未來包括了兩、三年。

狗型人

會陸陸續續發生一些不可思議的事情，是變化很多的幾年。只要不疏忽大意，應該都能夠依照自己的步調進行。

最好投注心力在興趣上面。此外，透過興趣或是義工活動，可以得到踏實的愛情。

最重要的是，對於對方要有一顆溫柔體貼的心。

★幸運色　灰色
★幸運物　項鍊
★幸運場所　車站
★幸運方向　東
★幸運日期　15日、17日
★幸運字　辛苦了！

貓型人

會度過比較平安無事的年月。明年上半年也許會和雙親或是上司、長輩等發生小摩擦，但是都能夠立刻解決。能夠得到好朋友的眷顧。

羅曼蒂克的愛情不會發生什麼變化，甚至彼此的愛情能夠更堅強。依照計畫學習一些技術非常重要。

★幸運色　暗紅色

★幸運物　貝殼

★幸運場所　浴室

★幸運方向　西北

★幸運日期　26日、28日

★幸運字　我幫你

猴型人

明年是吉凶混合、複雜的一年，但是整體而言，是不太順心的一年。雖然非常努力，卻得不到相等的成果。但是，如果因此而灰心喪志，運氣就會更惡劣。應該具有長期的展望，不要急於這兩、三年，應該持續的努力。

單身的人在秋天時，會遇到不錯的對象。

★幸運色　紅色

★幸運物　護身符

★幸運場所　公園

★幸運方向　南

★幸運日期　19日、29日

★幸運字　太棒了！

松鼠型人

人際關係會有非常大的變化，會遇到意想不到的人，並且產生羅曼蒂克的感情，你們兩人會留下非常美好的回憶。

但運勢比較弱，因此不要太過於狂傲，在人際關係上也應該稍微克制為所欲為的一面，應該要尊重對方的意見。金錢運也比較弱，容易浪費。

★幸運色　淡藍色

★幸運物　錢包

★幸運場所　圖書館

★幸運方向　西

★幸運日期　17日、18日

★幸運字　我相信你

兔子型人

整體而言，這兩、三年的運勢在展現自己方面，需要特別謹慎。在職場上也許會面臨不必要的紛爭，戀情發展的也不太順利，人際關係方面會有很多煩惱。

此外，對於不喜歡的事情要有勇氣、很乾脆的說出自己不喜歡，這是很重要的事情。在健康方面比較低調，但是在愛情方面也許會開花結果。如果是已經培育了長期間的愛情，可以得到大喜悅。

★幸運色　白色

★幸運方向　東南

★幸運物　筆記本

★幸運日期　21日、23日

★幸運場所　餐廳

★幸運字　好快樂！好高興！

野豬型人

會碰到各種不必要的麻煩，無法沈著應對，但是這是提高你人格的力量。

今後最需要注意的就是不要三心二意，不要任性而為，凡事都應該要謹慎。只要踏實的努力，一定能夠得到認同，對於大膽的行動或是冒險要特別謹慎。

★幸運色　橘色

★幸運物　信用卡

★幸運場所　玄關

★幸運方向　南

★幸運日期　3日、21日

★幸運字　早安

獅子型人

明年是希望與發展開始的一年，累計以往踏實的努力能夠開花結果。

工作運和金錢運都很順利，會有不錯的機會造訪，但如果太安於現狀，機會就會立刻逃走。

愛情運也很好，可能會步上紅毯的另一端。

★幸運色　紫色

★幸運物　信

★幸運場所　便利商店

★幸運方向　東南

★幸運日期　12日、29日

★幸運字　謝謝！

熊型人

這兩、三年運氣比較好，工作、愛情等各方面都有不錯的機會。長期以來訂定的計畫一定要付諸實行。雖說運氣好，但是如果因此而怠惰，幸運就會立刻逃走，必須隨時重視禮節，如此可使自己的運氣增強。

戀愛運也很順利，熱情的氣氛會提升，但這時如果為所欲為，就會面臨意想不到的破鏡。

★幸運色　藍綠色

★幸運物　照片

★幸運場所　廁所

★幸運方向　東北

★幸運日期　9日、18日

★幸運字　非常瞭解

烏鴉型人

應該對戀人或是工作方面的事情多一點擔心的時候，雖然你本身並沒有什麼責任，但是卻會因為周圍的人失敗，你自己扛下責任，或是與戀人出現糾紛的時期。

這時，忍耐與寬容的心情比什麼都重要。金錢運比較安定。

★幸運色　黑色
★幸運物　硬幣
★幸運場所　臥室
★幸運方向　北
★幸運日期　10日、20日
★幸運字　謝謝你謝謝你

老鷹型人

會有一些事情發生，有些是正面的，有些是負面的，但是對你而言，都是改變的機會。

是不是能夠為你帶來幸運，就要看你本身了，請好好反省你的過去。

此外，腳部容易受傷，需要特別注意。

★幸運色　粉紅色

★幸運物　行動電話

★幸運場所　郵局

★幸運方向　西南

★幸運日期　17日、27日

★幸運字　我懂了

大展出版社有限公司
品冠文化出版社

圖書目錄

地址：台北市北投區(石牌)
致遠一路二段 12 巷 1 號
郵撥：0166955～1
電話：(02)28236031
28236033
傳真：(02)28272069

・法律專欄連載・電腦編號 58

台大法學院　法律學系／策劃
法律服務社／編著

1.	別讓您的權利睡著了 1	200 元
2.	別讓您的權利睡著了 2	200 元

・武術特輯・電腦編號 10

1.	陳式太極拳入門	馮志強編著	180 元
2.	武式太極拳	郝少如編著	150 元
3.	練功十八法入門	蕭京凌編著	120 元
4.	教門長拳	蕭京凌編著	150 元
5.	跆拳道	蕭京凌編譯	180 元
6.	正傳合氣道	程曉鈴譯	200 元
7.	圖解雙節棍	陳銘遠著	150 元
8.	格鬥空手道	鄭旭旭編著	200 元
9.	實用跆拳道	陳國榮編著	200 元
10.	武術初學指南	李文英、解守德編著	250 元
11.	泰國拳	陳國榮著	180 元
12.	中國式摔跤	黃　斌編著	180 元
13.	太極劍入門	李德印編著	180 元
14.	太極拳運動	運動司編	250 元
15.	太極拳譜	清・王宗岳等著	280 元
16.	散手初學	冷　峰編著	200 元
17.	南拳	朱瑞琪編著	180 元
18.	吳式太極劍	王培生著	200 元
19.	太極拳健身和技擊	王培生著	250 元
20.	秘傳武當八卦掌	狄兆龍著	250 元
21.	太極拳論譚	沈　壽著	250 元
22.	陳式太極拳技擊法	馬　虹著	250 元
23.	二十四式／三十二式 太極 拳／劍	闞桂香著	180 元
24.	楊式秘傳 129 式太極長拳	張楚全著	280 元
25.	楊式太極拳架詳解	林炳堯著	280 元

26.	華佗五禽劍	劉時榮著	180元
27.	太極拳基礎講座：基本功與簡化24式	李德印著	250元
28.	武式太極拳精華	薛乃印著	200元
29.	陳式太極拳拳理闡微	馬　虹著	350元
30.	陳式太極拳體用全書	馬　虹著	400元
31.	張三豐太極拳	陳占奎著	200元
32.	中國太極推手	張　山主編	300元
33.	48式太極拳入門	門惠豐編著	220元

・原地太極拳系列・電腦編號 11

1.	原地綜合太極拳 24 式	胡啓賢創編	220元
2.	原地活步太極拳 42 式	胡啓賢創編	200元
3.	原地簡化太極拳 24 式	胡啓賢創編	200元
4.	原地太極拳 12 式	胡啓賢創編	200元

・道 學 文 化・電腦編號 12

1.	道在養生：道教長壽術	郝　勤等著	250元
2.	龍虎丹道：道教內丹術	郝　勤著	300元
3.	天上人間：道教神仙譜系	黃德海著	250元
4.	步罡踏斗：道教祭禮儀典	張澤洪著	250元
5.	道醫窺秘：道教醫學康復術	王慶餘等著	250元
6.	勸善成仙：道教生命倫理	李　剛著	250元
7.	洞天福地：道教宮觀勝境	沙銘壽著	250元
8.	青詞碧簫：道教文學藝術	楊光文等著	250元
9.	沈博絕麗：道教格言精粹	朱耕發等著	250元

・秘傳占卜系列・電腦編號 14

1.	手相術	淺野八郎著	180元
2.	人相術	淺野八郎著	180元
3.	西洋占星術	淺野八郎著	180元
4.	中國神奇占卜	淺野八郎著	150元
5.	夢判斷	淺野八郎著	150元
6.	前世、來世占卜	淺野八郎著	150元
7.	法國式血型學	淺野八郎著	150元
8.	靈感、符咒學	淺野八郎著	150元
9.	紙牌占卜學	淺野八郎著	150元
10.	ESP 超能力占卜	淺野八郎著	150元
11.	猶太數的秘術	淺野八郎著	150元
12.	新心理測驗	淺野八郎著	160元
13.	塔羅牌預言秘法	淺野八郎著	200元

・趣味心理講座・電腦編號 15

1.	性格測驗　探索男與女	淺野八郎著	140 元
2.	性格測驗　透視人心奧秘	淺野八郎著	140 元
3.	性格測驗　發現陌生的自己	淺野八郎著	140 元
4.	性格測驗　發現你的真面目	淺野八郎著	140 元
5.	性格測驗　讓你們吃驚	淺野八郎著	140 元
6.	性格測驗　洞穿心理盲點	淺野八郎著	140 元
7.	性格測驗　探索對方心理	淺野八郎著	140 元
8.	性格測驗　由吃認識自己	淺野八郎著	160 元
9.	性格測驗　戀愛知多少	淺野八郎著	160 元
10.	性格測驗　由裝扮瞭解人心	淺野八郎著	160 元
11.	性格測驗　敲開內心玄機	淺野八郎著	140 元
12.	性格測驗　透視你的未來	淺野八郎著	160 元
13.	血型與你的一生	淺野八郎著	160 元
14.	趣味推理遊戲	淺野八郎著	160 元
15.	行爲語言解析	淺野八郎著	160 元

・婦 幼 天 地・電腦編號 16

1.	八萬人減肥成果	黃靜香譯	180 元
2.	三分鐘減肥體操	楊鴻儒譯	150 元
3.	窈窕淑女美髮秘訣	柯素娥譯	130 元
4.	使妳更迷人	成　玉譯	130 元
5.	女性的更年期	官舒妍編譯	160 元
6.	胎內育兒法	李玉瓊編譯	150 元
7.	早產兒袋鼠式護理	唐岱蘭譯	200 元
8.	初次懷孕與生產	婦幼天地編譯組	180 元
9.	初次育兒 12 個月	婦幼天地編譯組	180 元
10.	斷乳食與幼兒食	婦幼天地編譯組	180 元
11.	培養幼兒能力與性向	婦幼天地編譯組	180 元
12.	培養幼兒創造力的玩具與遊戲	婦幼天地編譯組	180 元
13.	幼兒的症狀與疾病	婦幼天地編譯組	180 元
14.	腿部苗條健美法	婦幼天地編譯組	180 元
15.	女性腰痛別忽視	婦幼天地編譯組	150 元
16.	舒展身心體操術	李玉瓊編譯	130 元
17.	三分鐘臉部體操	趙薇妮著	160 元
18.	生動的笑容表情術	趙薇妮著	160 元
19.	心曠神怡減肥法	川津祐介著	130 元
20.	內衣使妳更美麗	陳玄茹譯	130 元
21.	瑜伽美姿美容	黃靜香編著	180 元
22.	高雅女性裝扮學	陳珮玲譯	180 元
23.	蠶糞肌膚美顏法	梨秀子著	160 元

24.	認識妳的身體	李玉瓊譯	160 元
25.	產後恢復苗條體態	居理安・芙萊喬著	200 元
26.	正確護髮美容法	山崎伊久江著	180 元
27.	安琪拉美姿養生學	安琪拉蘭斯博瑞著	180 元
28.	女體性醫學剖析	增田豐著	220 元
29.	懷孕與生產剖析	岡部綾子著	180 元
30.	斷奶後的健康育兒	東城百合子著	220 元
31.	引出孩子幹勁的責罵藝術	多湖輝著	170 元
32.	培養孩子獨立的藝術	多湖輝著	170 元
33.	子宮肌瘤與卵巢囊腫	陳秀琳編著	180 元
34.	下半身減肥法	納他夏・史達賓著	180 元
35.	女性自然美容法	吳雅菁編著	180 元
36.	再也不發胖	池園悅太郎著	170 元
37.	生男生女控制術	中垣勝裕著	220 元
38.	使妳的肌膚更亮麗	楊　皓編著	170 元
39.	臉部輪廓變美	芝崎義夫著	180 元
40.	斑點、皺紋自己治療	高須克彌著	180 元
41.	面皰自己治療	伊藤雄康著	180 元
42.	隨心所欲瘦身冥想法	原久子著	180 元
43.	胎兒革命	鈴木丈織著	180 元
44.	NS 磁氣平衡法塑造窈窕奇蹟	古屋和江著	180 元
45.	享瘦從腳開始	山田陽子著	180 元
46.	小改變瘦 4 公斤	宮本裕子著	180 元
47.	軟管減肥瘦身	高橋輝男著	180 元
48.	海藻精神秘美容法	劉名揚編著	180 元
49.	肌膚保養與脫毛	鈴木真理著	180 元
50.	10 天減肥 3 公斤	彤雲編輯組	180 元
51.	穿出自己的品味	西村玲子著	280 元
52.	小孩髮型設計	李芳黛譯	250 元

・青春天地・電腦編號 17

1.	A 血型與星座	柯素娥編譯	160 元
2.	B 血型與星座	柯素娥編譯	160 元
3.	O 血型與星座	柯素娥編譯	160 元
4.	AB 血型與星座	柯素娥編譯	120 元
5.	青春期性教室	呂貴嵐編譯	130 元
7.	難解數學破題	宋釗宜編譯	130 元
9.	小論文寫作秘訣	林顯茂編譯	120 元
11.	中學生野外遊戲	熊谷康編著	120 元
12.	恐怖極短篇	柯素娥編譯	130 元
13.	恐怖夜話	小毛驢編譯	130 元
14.	恐怖幽默短篇	小毛驢編譯	120 元
15.	黑色幽默短篇	小毛驢編譯	120 元

16.靈異怪談	小毛驢編譯	130 元
17.錯覺遊戲	小毛驢編著	130 元
18.整人遊戲	小毛驢編著	150 元
19.有趣的超常識	柯素娥編譯	130 元
20.哦！原來如此	林慶旺編譯	130 元
21.趣味競賽 100 種	劉名揚編譯	120 元
22.數學謎題入門	宋釗宜編譯	150 元
23.數學謎題解析	宋釗宜編譯	150 元
24.透視男女心理	林慶旺編譯	120 元
25.少女情懷的自白	李桂蘭編譯	120 元
26.由兄弟姊妹看命運	李玉瓊編譯	130 元
27.趣味的科學魔術	林慶旺編譯	150 元
28.趣味的心理實驗室	李燕玲編譯	150 元
29.愛與性心理測驗	小毛驢編譯	130 元
30.刑案推理解謎	小毛驢編譯	180 元
31.偵探常識推理	小毛驢編譯	180 元
32.偵探常識解謎	小毛驢編譯	130 元
33.偵探推理遊戲	小毛驢編譯	180 元
34.趣味的超魔術	廖玉山編著	150 元
35.趣味的珍奇發明	柯素娥編著	150 元
36.登山用具與技巧	陳瑞菊編著	150 元
37.性的漫談	蘇燕謀編著	180 元
38.無的漫談	蘇燕謀編著	180 元
39.黑色漫談	蘇燕謀編著	180 元
40.白色漫談	蘇燕謀編著	180 元

・健康天地・電腦編號 18

1. 壓力的預防與治療	柯素娥編譯	130 元
2. 超科學氣的魔力	柯素娥編譯	130 元
3. 尿療法治病的神奇	中尾良一著	130 元
4. 鐵證如山的尿療法奇蹟	廖玉山譯	120 元
5. 一日斷食健康法	葉慈容編譯	150 元
6. 胃部強健法	陳炳崑譯	120 元
7. 癌症早期檢查法	廖松濤譯	160 元
8. 老人痴呆症防止法	柯素娥編譯	130 元
9. 松葉汁健康飲料	陳麗芬編譯	130 元
10. 揉肚臍健康法	永井秋夫著	150 元
11. 過勞死、猝死的預防	卓秀貞編譯	130 元
12. 高血壓治療與飲食	藤山順豐著	180 元
13. 老人看護指南	柯素娥編譯	150 元
14. 美容外科淺談	楊啓宏著	150 元
15. 美容外科新境界	楊啓宏著	150 元
16. 鹽是天然的醫生	西英司郎著	140 元

國家圖書館出版品預行編目資料

動物測驗——人性現形／淺野八郎著；江秀珍譯
——初版，——臺北市，品冠文化，2000〔民 89〕
面；21 公分，——（生活廣場；12）
譯自：動物心理テスト
ISBN 957-468-033-9（平裝）
1. 心理測驗
179　　89014014

動物測驗——人性現形　　ISBN 957-468-033-9

原著者／淺野八郎
編譯者／江秀珍
發行人／蔡孟甫
出版者／品冠文化出版社
社　址／台北市北投區（石牌）致遠一路 2 段 12 巷 1 號
電　話／（02）28233123・28236031・28236033
傳　眞／（02）28272069
郵政劃撥／19346241
E-mail／dah-jaan @ms 9.tisnet.net.tw
登記證／北市建一字第 227242 號
承印者／國順文具印刷行
裝　訂／嶸興裝訂有限公司
排版者／弘益電腦排版有限公司
初版 1 刷／2000 年（民 89 年）11 月
初版發行／2000 年（民 89 年）12 月

定　價／200 元